Was machen Menschen und Medien?

Christian Pentzold
Peter Gentzel
Wolfgang Reißmann

Was machen Menschen und Medien?

Grundzüge einer praxistheoretischen Perspektive für Kommunikationswissenschaft und Medienforschung

Christian Pentzold 🆔
Institut für Kommunikations- und
Medienwissenschaft
Leipzig University
Leipzig, Deutschland

Wolfgang Reißmann 🆔
Institut für Publizistik- und
Kommunikationswissenschaft
Freie Universität Berlin
Berlin, Deutschland

Peter Gentzel 🆔
Department für
Medienwissenschaft und
Kunstgeschichte
Friedrich-Alexander-Universität
Erlangen-Nürnberg
Erlangen, Deutschland

ISBN 978-3-658-43997-2   ISBN 978-3-658-43998-9 (eBook)
https://doi.org/10.1007/978-3-658-43998-9

Die Deutsche Nationalbibliothek verzeichnet diese Publikation in der Deutschen Nationalbibliografie; detaillierte bibliografische Daten sind im Internet über https://portal.dnb.de abrufbar.

© Der/die Herausgeber bzw. der/die Autor(en), exklusiv lizenziert an Springer Fachmedien Wiesbaden GmbH, ein Teil von Springer Nature 2024
Das Werk einschließlich aller seiner Teile ist urheberrechtlich geschützt. Jede Verwertung, die nicht ausdrücklich vom Urheberrechtsgesetz zugelassen ist, bedarf der vorherigen Zustimmung des Verlags. Das gilt insbesondere für Vervielfältigungen, Bearbeitungen, Mikroverfilmungen und die Einspeicherung und Verarbeitung in elektronischen Systemen.
Die Wiedergabe von allgemein beschreibenden Bezeichnungen, Marken, Unternehmensnamen etc. in diesem Werk bedeutet nicht, dass diese frei durch jedermann benutzt werden dürfen. Die Berechtigung zur Benutzung unterliegt, auch ohne gesonderten Hinweis hierzu, den Regeln des Markenrechts. Die Rechte des jeweiligen Zeicheninhabers sind zu beachten.
Der Verlag, die Autoren und die Herausgeber gehen davon aus, dass die Angaben und Informationen in diesem Werk zum Zeitpunkt der Veröffentlichung vollständig und korrekt sind. Weder der Verlag noch die Autoren oder die Herausgeber übernehmen, ausdrücklich oder implizit, Gewähr für den Inhalt des Werkes, etwaige Fehler oder Äußerungen. Der Verlag bleibt im Hinblick auf geografische Zuordnungen und Gebietsbezeichnungen in veröffentlichten Karten und Institutionsadressen neutral.

Planung/Lektorat: Barbara Emig-Roller
Springer VS ist ein Imprint der eingetragenen Gesellschaft Springer Fachmedien Wiesbaden GmbH und ist ein Teil von Springer Nature.
Die Anschrift der Gesellschaft ist: Abraham-Lincoln-Str. 46, 65189 Wiesbaden, Germany

Wenn Sie dieses Produkt entsorgen, geben Sie das Papier bitte zum Recycling.

Vorwort

Seit unseren Dissertationen, die alle im Jahr 2013 fertig wurden, stellen Praxistheorien einen Anker unserer individuellen Arbeit und einen verlässlichen wie produktiven Ausgangspunkt für gemeinsame Diskussionen dar. Das ist nicht selbstverständlich: Unsere Forschungsthemen, theoretischen und empirischen Zugänge unterscheiden sich deutlich, wir sind in unterschiedlichen Fachgruppen und Communities zuhause und auch der kommunikationswissenschaftliche Diskurs ist ein anderer geworden.

Im Anblick der historisch beispiellosen Rasanz des Medienwandels im 21. Jahrhundert mag diese Beobachtung trivial sein, sie gilt aber unserer Meinung nach auch für den Wissenschaftsdiskurs selbst, samt seinen oftmals impliziten Regeln, nach denen Theoreme und Methoden akzeptiert oder eben ausgeschlossen werden. Vor einem Jahrzehnt waren praxistheoretische Argumentationen noch eher exotisch, viel stärker interessierte beispielsweise die Abgrenzung eines strukturorientierten Medialisierungs- von einem handlungsorientierten Mediatisierungsbegriff, an eine Umverteilung von Handlungsmacht zwischen Subjekten und Medientechnologien war aus struktur- wie handlungstheoretischer Sicht nicht zu denken. In Zeiten von KI, Datafizierung und Automatisierung erforschen wir heute Kommunikation zwischen Menschen und Maschinen oder diskutieren Grundbegriffe und axiomatische Vorstellungen im Zusammenhang mit „agency" neu und in anderem Licht.

Damals wie jetzt bieten praxistheoretisch begründete Prinzipien einen hervorragenden Ausgangspunkt für nuancierte Weiterentwicklung und kritische Reflexion – sowohl in theoretischer als auch empirischer Hinsicht, als progressives und zugleich ideengeschichtlich fest verankertes und weit verzweigtes Programm. Damit sind wir beim Anliegen dieses Buches.

Praxistheorien stellen keine weitere Theorie mittlerer Reichweite dar. Sie sind Grundlagentheorie, verbunden mit einer empirischen Forschungshaltung. Daraus erwächst das Potenzial, Brücken zwischen unterschiedlichen Forschungsfeldern zu bauen und den disziplinären Diskurs nach innen wie nach außen zu stärken. Dieses Potenzial scheint auf der einen Seite erkannt, ist auf der anderen Seite aber längst nicht erschöpft. Die Rede von Praktiken ist in der kommunikations- und medienwissenschaftlichen Literatur weit verbreitet. Eine systematische Diskussion zwischen Medienstrukturforschung, Mediensoziologie, Journalismusforschung oder Medienpädagogik, und eine kritisch-konstruktive Verhandlung von Grundideen und dem Erklärvermögen von Handlungstheorie, Wissenssoziologie, Science and Technology Studies und Akteur-Netzwerk-Theorie steht dagegen noch aus.

Das vorliegende Buch versteht sich als Einladung zu dieser Diskussion, ist im Sinne von Dialog und Integration verfasst. Unser Ziel ist eine kompakte Darstellung des Status Quo praxistheoretischer Kommunikationsforschung und Medienanalyse, die interessierten Beobachter:innen einen Einstieg ermöglicht und Expert:innen Anschlussmöglichkeiten anbietet.

Bedingung hierfür ist eine Balance zwischen einer engen und einer breiten praxistheoretischen Argumentation. Von außen betrachtet ist die Diskussion eng, weil wir Praxistheorien dezidiert aus einer kommunikations- und medienanalytischen Perspektive betrachten. Entsprechend liegt unser Schwerpunkt auf für unsere Disziplin relevanten Phänomenen und Konzepten. Weiterhin dienen uns etablierte disziplinäre Fragestellungen und Forschungstraditionen als Referenzpunkte für theoretische und empirisch-methodische Überlegungen, bilden Befunde von Kommunikationsforschung und Medienanalyse den Boden für die Exploration praxistheoretischer Prinzipien. Demgegenüber sind die Ausführungen aus der disziplinären Binnenperspektive weit, weil sie auf Überschreitung der

Grenzen bestehender Forschungsfelder angelegt sind und somit unterschiedliche Theorien und Konzepte verbinden, z. B. von Medien als Institutionen, Organisationen und als Texten, von Wissen im Kontext einer subjektorientierten Mediensozialisationsforschung und in der Akteur-Netzwerk-Theorie. Schließlich buchstabieren wir eine praxistheoretische Forschungshaltung sowohl für Theorie- als auch empirische Methodenangebote aus.

Zweifelsohne werden die folgenden rund 100 Seiten Fragen offenlassen. Unsere Hoffnung besteht darin, einen Beitrag zur Begründung einer praxistheoretischen Kommunikationsforschung und Medienanalyse zu leisten, eine gemeinsame Diskussion der zumeist noch forschungsfeldspezifischen Analysen von Praktiken anzuregen und nicht zuletzt die Neugier von Kommunikations- und Medienwissenschaftler:innen auf praxistheoretische Forschung zu wecken.

Leipzig, Deutschland   Christian Pentzold
Erlangen, Deutschland   Peter Gentzel
Berlin, Deutschland   Wolfgang Reißmann

Inhaltsverzeichnis

1 Einleitung 1
2 **Was machen Menschen und Medien?** 3
   2.1 „Was machen …": Fachgeschichtliche Verortung... 3
   2.2 (Medien-)Praktiken: Ein vielgenutzter, aber noch unterbestimmter Begriff 7
   2.3 Argumente für eine praxistheoretische Forschungsperspektive 11

3 **Practice first! Grundsätze praxistheoretischen Denkens** 17
   3.1 Praktiken: Eine erste Begriffsbestimmung 18
   3.2 Programmatik: Überwindung dualistischer Erklärungsmodelle 20
   3.3 Prinzipien: Rekursivität und Relationalität 23
      3.3.1 Rekursivität: Praktiken zwischen Situation und Struktur 23
      3.3.2 Relationalität: Dinge und praktisches Wissen 26
   3.4 Stellung des Subjekts: Praxis als Möglichkeit von Subjektivierung........................ 29

4 **Medien in praxistheoretischer Perspektive** 35
   4.1 Medien als Institutionen 38
   4.2 Medien als Technologien und Infrastrukturen ... 41
   4.3 Medien als Organisationen 45
   4.4 Medien als Diskurse 47

5 (Medien-)Praktiken sichtbar machen: Orientierung für die empirische Forschung 51
- 5.1 Forschung als Praxiszusammenhang: Epistemische Praktiken 52
- 5.2 Im Vollzug beobachten: Das praxistheoretische Idealbild 55
- 5.3 Praxisnahe/praxisferne Methoden? Gegenstandsorientierung statt Dogmatismus 60
- 5.4 Denk- und Suchhilfen: Forschungspraktische Heuristiken 64
- 5.5 Medienbezüge: Zur Identifikation von Medienpraktiken 69
- 5.6 Digitale Praktiken: Herausforderungen und Möglichkeiten ihrer Erfassung 72
- 5.7 Abwesend anwesend: Teilhabe und Beobachtung im Wandel 78
- 5.8 Mapping: Analyse digitaler Praktiken zwischen Konkretion und Abstraktion, Fragment und ‚big picture' 82

6 Agency, KI und Datafizierung: Praxistheorien – jetzt erst recht! 87

Literatur 93

Stichwortverzeichnis 115

Einleitung 1

Was machen Medien mit Menschen? Was machen Menschen mit Medien? Diese Fragen sind bekannt aus Einführungsveranstaltungen und Grundlagenwerken, welche die kommunikationswissenschaftlichen *basics* vermitteln. In der fachgeschichtlichen Rekonstruktion steht die Umformulierung der Frage emblematisch für einen Epochenübergang in der Kommunikations- und Medienforschung Mitte des 20. Jahrhunderts. Indem Menschen und Medien ihren grammatikalischen Status von Objekt und Subjekt tauschen, also weg von der Frage, was Medien mit den Menschen machen, hin zur Frage, was diese mit Medien machen, wird eine paradigmatische Veränderung disziplinärer Überzeugungen und ein Wandel analytischer Haltungen angezeigt.

Nun ereignen sich Paradigmenwechsel nicht einfach über Nacht, ansatzlos innerhalb einer abgeschlossenen Fachöffentlichkeit, sondern im Kontext des Wandels sozialer Wirklichkeiten (Kuhn 1976). Mit dem Aufkommen digitaler und vernetzter Medien befindet sich die Kommunikations- und Medienforschung offensichtlich erneut in einer solchen Phase des Wandels: Digitalisierungsprozesse gehen Hand-in-Hand mit sich transformierenden Lebenswelten, Kulturen und Gesellschaften (z. B. Baumann 2003; Couldry und Hepp 2017; Nassehi 2019; van Dijck et al. 2018), tradierte Konzepte und empirische Methoden zur Analyse von Medien, Kommunikation oder Öffentlichkeit werden angepasst oder ersetzt (z. B. Krotz 2001; Fahr und Jandura 2013; Chadwick 2017; Wessler 2018) und auch die damit verbundenen Selbstverständnisdebatten sind kaum zu überhören (z. B. Hepp 2016; Schäfer und Wessler 2020).

Die Überlegungen in diesem Buch verstehen sich nicht primär als weiterer Beitrag zu einer dieser Debatten, auch geht es nicht darum, dass Für und Wider des Signets „kommunikationswissenschaftlicher Paradigmenwechsel" abzuwägen. Es geht nicht um das Ziehen von Grenzen, sondern um eine Einladung: Wir möchten ermuntern, aus praxistheoretischer Perspektive die Frage nach Menschen und Medien auf eine Weise anzugehen, die Anschlussmöglichkeiten für die Breite der benannten Wandlungsprozesse eröffnet. Für eine solche praxistheoretische Perspektive sprechen dabei mindestens zwei Gründe: Erstens sind Praxistheorien in der Kommunikationswissenschaft längst angekommen, das „Idiom der Praktik" (Rouse 2007) ist allgegenwärtig. Zweitens zielt eine systematische praxistheoretische Diskussion auf die Grundlagen, d. h. auf das Verständnis von Subjekt und Objekt, auf die Bedeutung des *Machens, Tuns* oder *Handelns* mit und in Medien sowie darauf, wie Sozialwissenschaftler:innen Praxis erfassen können.

Unser Beitrag thematisiert die praxistheoretischen Anlagen in der kommunikationswissenschaftlichen Forschung und versteht sich als Impuls zum gemeinsamen Nachdenken über die damit verbundenen Erkenntnismöglichkeiten, über Forschungshaltung und -praxis. In Kap. 2 rekonstruieren wir zunächst die Verschiebungen, die mit dem Umstellen der Frage – *Was machen die Medien mit Menschen?* zu *Was machen Menschen mit Medien?* – verbunden waren. Anschließend skizzieren wir eine praxistheoretische Perspektive und plädieren für eine abermalige Reformulierung der Frage: *Was machen Menschen und Medien?* Sodann erörtern wir in den Kap. 3 und 4, warum es sich lohnt, sich mit Medienpraktiken auseinanderzusetzen und wie diese näher zu bestimmen sind. Neben der Begründung und Einführung der praxistheoretischen Perspektive auf Medien und Kommunikation wollen wir mit Kap. 5 den Einstieg in eine demgemäß orientierte Forschung erleichtern, die den theoretischen Einsichten folgt. Hierbei knüpfen wir an bestehende Forschungstraditionen an, die praxeologisch weiter zu denken und entwickeln sind. Das abschließende Kap. 6 exploriert Potenziale einer praxistheoretischen Erforschung von KI, Automatisierung, Datafizierung und ihr Verhältnis zu Computational Social Sciences.

＃ Was machen Menschen und Medien? 2

2.1 „Was machen ...": Fachgeschichtliche Verortung

Die Frage „Was machen Medien mit den Menschen?" fasst eine zentrale Überzeugung der Kommunikationsforschung nach dem Zweiten Weltkrieg zusammen. Angenommen wurden starke Medienwirkungen, wobei die medialen Inhalte, gleichsam einer *silver bullet* oder *hypodermic needle*, direkte Effekte auf Meinung und Verhalten der Rezipient:innen hätten. Die als *Stimulus-Response* modellierte öffentliche Kommunikation traf so gesehen auf wehrlos erachtete, vereinzelte Rezipient:innen, die ein disperses Publikum bildeten (Maletzke 1963; Merten 1999). Im Verhältnis zwischen Menschen und Medien waren es also die Medien, die etwas „machten", indem sie mittels Schrift, Ton und Bild das Wissen, die Einstellungen und das Verhalten der in Massen auftretenden Einzelnen veränderten: „Der Zuschauer [sic!] soll keiner eignen Gedanken bedürfen: Das Produkt zeichnet jede Reaktion vor: nicht durch einen sachlichen Zusammenhang [...] sondern durch Signale", so beschreiben beispielsweise Max Horkheimer und Theodor W. Adorno 1944 im Angesicht von Weltkriegspropaganda und amerikanischer Populärkultur jenes *Machen* der Medien mit Menschen (1947/2004, S. 145).

Gut zwanzig Jahre später tauschen Elihu Katz und David Foulkes (1962) in ihrem Beitrag zur Nutzung der Massenmedien

Subjekt und Objekt und fragen „Was machen die Menschen mit den Medien?" Das Umdrehen der Frage signalisiert eine Kehrtwende – weg vom Fokus auf medienvermittelte Inhalte und hin zu aktiven Rezipient:innen. Es sind nun also nicht mehr die medialen Botschaften, die etwas machen, sondern die Menschen, die mit den Medien umgehen. Auf Grundlage dieses Rollenwechsels lassen sich zwei Forschungsstränge ausmachen, die sich in der Vorstellung dessen, was unter *machen* genau zu verstehen ist, allerdings deutlich unterscheiden.

In Deutschland dominiert eine psychologische Auslegung, die Aktivität mit rationalen Wahlentscheidungen gleichsetzt. Der bis heute äußerst populäre *Uses and Gratification Approach* (z. B. Rosengren et al. 1985) analysiert aktive Mediennutzung als kalkulierte Wahl von Mitteln (Medienangebote) für definierte Zwecke (Bedürfnisbefriedigung) und deren Bewertung (erhaltene Gratifikationen). Die Antwort auf die Frage erschöpft sich damit in der Analyse abwägender Entscheidungen einzelner Individuen zum Zweck der Befriedigung bewusster Bedürfnisse. Hier bleiben die Mediennutzer:innen eine Ansammlung von Individuen, die entsprechend einer universalen, innerlichen Bedürfnispyramide in definierten Situationen etwas mit Medien machen, d. h. wählen und bewerten. Empirisch wird diese Idee von Mediennutzung meist anhand standardisierter Methoden umgesetzt (kritisch hierzu u. a. Dahlgren 2013).

Ein zweiter Strang ist kultursoziologisch orientiert und setzt – im Anschluss an die Überzeugung, dass Rezipient:innen nicht passiv bedient oder manipuliert werden – bei Verstehen und Verarbeiten als produktiven Leistungen von Zuhörer:innen, Zuschauer:innen und Leser:innen an (z. B. Ang 1986; Bhabha 2000; Carey 2009; Fiske 1989; Grossberg 2010; Hall 1980; Scannell 1995; Teichert 1972; Williams 1974). Menschen machen hier etwas mit Medien inmitten alltäglicher Kontexte und einer materiellen Konsumkultur. Dies hat insbesondere zwei Konsequenzen: Erstens bedeutet es den Bruch mit monolithischen Publikumsvorstellungen, bei denen Publika die numerische Gesamtheit vereinzelter mediennutzender Rezipient:innen sind. Menschen bilden vielmehr Gemeinschaften und haben Anteil an kollektiv getragenen Nutzungsmustern und Deutungsweisen.

Zweitens verbindet sich damit die Einsicht in die unhintergehbare Mehrdeutigkeit und den Bedeutungsüberschuss medialer Produkte, die nicht nur auf eine Weise zu verstehen sind, sondern unterschiedlich angeeignet werden. Beide Konsequenzen erweitern den Blick darauf, was Menschen eigentlich mit Medien machen. Insbesondere in kulturwissenschaftlichen Zusammenhängen und ihrer Emphase auf Populärkultur sowie dem Eigensinn und Vergnügen, der Kreativität und Widerständigkeit der Menschen findet eine intensive Beschäftigung mit dem alltäglichen Umgang, der allmählichen Adaption bzw. dem zu eigen machen von Medien statt (z. B. du Gay et al. 1996; Gillespie 1995; Göttlich 2006; Radway 1991). Die entsprechenden Vorgänge werden dabei eingebettet in häusliche Rituale, verzahnt mit Lebensstilen und Kulturformen sowie mit Fragen nach Kontrolle, Macht und Dominanz verknüpft (z. B. Moores 2012; Morley 1992, 2000).

Auch die Vorstellung, was Medien sind und wie sie wirken, hat sich in diesen Zusammenhängen ausdifferenziert und die entsprechenden Analysen über den bloßen Inhalt und die einzelne Botschaft hinausgeführt. So werden ihnen Eigenschaften als bedeutungstragende Objekte als auch als bedeutungsvermittelnde Kanäle attestiert und ihre Wirkung als doppelte Artikulation konzipiert (Silverstone 1994). Der Fokus liegt dabei klar auf der Seite derer, denen Medien angeboten werden und die diese domestizieren; jedoch werden unter ähnlichen Vorzeichen auch professionelle Zusammenhänge des Kommodifizierens von Medientechnologien und Erstellens von Medieninhalten rekonstruiert, wie zum Beispiel in Zeitungsredaktionen (Tuchman 1978).

Diese stark verdichtete Skizze fachgeschichtlicher Entwicklungen anhand der Reformulierung einer dem Anschein nach einfachen Frage nach Menschen und Medien ist notwendigerweise oberflächlich. Zudem ist sie nicht neu, da eine Reihe fachlicher Impulse entlang der Vorstellungen von Alltagskultur und Lebenswelt mit den Cultural Studies ihren Platz in der deutschsprachigen kommunikationswissenschaftlichen Forschung längst gefunden haben (z. B. Hepp 1998, 2010; Krotz 1992; Winter 1995, 2001; zur Übersicht Hepp und Winter 2008; Hepp et al. 2015; Hörning und Winter 1999).

Angesichts dieser nun selbst zum kommunikationswissenschaftlichen Allgemeingut gewordenen Perspektive scheint die Frage, was die Menschen mit den Medien machen, nicht nur allseits bekannt, sondern auch geklärt. Oder doch nicht? Ist in Anbetracht der Wichtigkeit von Plattformen, der Unvermeidbarkeit medialer Infrastrukturen und des Einflusses verselbstständigter smarter Technologien die Frage nach Menschen, die etwas mit Medien machen, nicht allzu einseitig, ja nachgerade naiv und vorkritisch (Bialski et al. 2019; Hepp 2021; Pringle et al. 2019)? Die omnipräsenten Apparaturen verlangen ganz offenkundig danach, auf ihre Wirkungen hin untersucht und kritisiert zu werden. Sollten wir also zurück zu den machenden Medien? Zu Konzepten starker Medienwirkungen, die mit den vielgestaltigen digital vernetzten Diensten und Anwendungen eben doch nicht ad acta gelegt sind (Bennett und Iyengar 2008), sondern durch Phänomene wie *micro targeting* neuen Aufschwung erhalten? Hier auf Polysemie von Texten, auf Verstehensspielräume und unterschiedliche Handlungsmöglichkeiten zu verweisen, steht in Verdacht, den Einfluss algorithmischer Mechanismen nicht wahrhaben zu wollen.

Nun ist dies kein Nullsummenspiel, in dem die Macht der Algorithmen gegen die Macht der User:innen (wieder) eingetauscht wird. Ebenso wenig muss der Hinweis auf Alltagsrationalitäten und Nutzungskontexte, auf die Ungenauigkeit der technischen Operationen und die Unzuverlässigkeit der Anwender:innen bedeuten, die gewandelten Bedingungen von Datafizierung, Automatisierung und Vernetzung kleinzureden oder zu leugnen (Hong 2020). Gerade das Gegenteil ist der Fall: Erst indem diese Prozesse im tagtäglichen Tun, in Gewohnheiten und Selbstverständlichkeiten Einzug halten, entfalten sie ihre handlungsprägenden und die soziale Wirklichkeit bedingenden Wirkungen (Siles 2023). In den Worten von Wendy Chun (2016) gesprochen: „our media matter most when they seem not to matter at all, that is, when they have moved from the new to the habitual" (S. 1). Gerade weil Plattformen und algorithmisch gesteuerte Anwendungen Routinen, sprich normalerweise unhinterfragt ergriffene und durchgeführte Handlungsmuster, technologisch emulieren, werden sie, wie Peters (2015) erklärt, zu ‚elementaren' Medien. Sie wandeln sich damit von bloßen Kanälen oder Vermittlungsinstanzen zu „infrastructures of being, the habitats and materials through which we act and are" (Peters 2015, S. 15).

Wie kann nun aber die Routinisierung medienbezogenen Handelns verstanden werden? Und auf welchem Weg ist seine Realisierung nachzuvollziehen? Welche Konzepte bieten sich also an, um das gewohnheitsmäßige Einüben und Weitergeben von Tätigkeiten zu begreifen, ohne die Vollzugswirklichkeit ihres situativen, in einem bestimmten Moment stattfindenden Bewerkstelligens und Aufführens zu vernachlässigen? Womit ließe sich die Balance halten zwischen Habitualisierung und Kreativität, Wiederholung und Spontaneität? Wie ist das Zusammenspiel von handelnden Menschen, Medientechnologien und Kommunikation zu erfassen und, weiter geblickt, welche Verbindungen hat es zu sozialen Dynamiken der Identitätsbildung, Vergemeinschaftungsprozessen und zu gesellschaftlichen Strukturen? Was für Methoden können eingesetzt werden, um diese Fragen anzugehen? Und lässt sich das Verhältnis von Menschen und Medien konzeptionell überhaupt noch auf eine einfache Formel bringen?

Aus der simplen Frage nach dem, was Menschen mit Medien und Medien mit Menschen machen, erwachsen also neue und weiterführende Fragen. Sie führen zum Kernanliegen des vorliegenden Buchs. Es soll einen Weg bahnen, um sich mit Medienpraktiken zu befassen, genauer gesagt mit den Ansichten und Aussichten einer praxistheoretischen Perspektive auf das, was Menschen *und* Medien machen.

2.2 (Medien-)Praktiken: Ein vielgenutzter, aber noch unterbestimmter Begriff

Wenn wir im Folgenden von Medienpraktiken sprechen, dann meinen wir damit nicht nur gewohnheitsmäßige Tätigkeiten und Routinen, die unmittelbar auf die Gestaltung oder die Anwendung von Medien gerichtet sind. Die weitreichende mediale Durchdringung von zusehends mehr Lebensbereichen erfordert eine Auseinandersetzung mit Medienpraktiken, die sich nicht mehr auf klar abgrenzbare Nutzungsepisoden massenmedialer Inhalte oder digitaler Angebote reduzieren lassen (Gentzel und Koenen 2012).

Medienpraktiken sind auch solche Handlungsweisen, die mittelbar auf dem Gebrauch von Medien fußen, etwa im schulischen und universitären Unterrichten und Lernen, deren Organisation und Durchführung in vielfältiger Form auf Medien angewiesen sind. Ebenso kennzeichnen sie den beiläufigen Konsum von Nachrichten „from the barbecue to the sauna", so Pablo Boczkowski und Kolleg:innen (2022), bei denen die Leute zwar informiert sind, aber nicht mehr klar sagen können, woher sie eine Nachricht erfahren haben. Solcherart Medienpraktiken beziehen grundsätzlich Medien ein, sind ohne sie nicht denk- oder machbar, obschon sie keinem einzelnen Medienangebot verpflichtet zu sein brauchen. So verweist Nick Couldry (2012) darauf, dass im Zuge umfassender Mediatisierungsdynamiken sich kaum ein Bereich findet, in dem die Verfügbarkeit und das Funktionieren von Medien nicht fundamentale Möglichkeitsbedingungen sind. Das Augenmerk liegt zwar vornehmlich auf der politischen Arena und wie sie sich nach den Regeln der Medien ausrichtet, doch die Quintessenz des Mediatisierungsansatzes ist, dass kein Gesellschaftsbereich mehr ohne Medien funktioniert.

Von einem praxistheoretischen Standpunkt aus betrachtet muss die als langfristiger, übergeordneter Meta-Prozess postulierte Mediatisierung letztlich rückgebunden werden an Praktiken, deren Durchführung, Beurteilung und Implikationen sich an medialen Prämissen und Mechanismen orientieren (Göttlich 2010; Kubitschko und Knapp 2012; Schäfer 2021; Thomas und Krotz 2008). Anders gesagt: Ihren systemischen Einfluss können die nunmehr omnipräsenten Medien nur entfalten, wenn sie in einen Zusammenhang mit praktischem Tun gebracht werden (Postill 2024). Die „mediation of everything" (Livingstone 2009, S. 1) ergibt sich nicht selbstläufig oder kann nur nachträglich in der historischen Draufsicht nachgezeichnet werden. Aus praxistheoretischer Sicht ist es die Aufgabe der Kommunikationswissenschaft zu rekonstruieren, wie Medien in routinemäßige Erledigungen einbezogen werden, wie ihr Gebrauch erwartbar und reglementiert wird, und wie sich in diesen Vorgängen das medienbezogene Tun ebenso wandelt wie die gebrauchten Medien (Driessens et al. 2010).

Die Frage danach, was die Menschen mit Medien machen, ist offen und sie ist aktuell: „what are people doing that is related to media?", fragt Nick Couldry (2012, S. 35) mit Blick auf gewandelte Medienumgebungen. Die Frage beschäftigt uns weiterhin, nicht nur, weil jede neue Generation an Medientechnologien und Kommunikationsdiensten frühere Einsichten herausfordert, sondern auch, weil bisher die konsequente Auseinandersetzung mit dem handlungspraktischen Umgang mit Medien als materielle Bedeutungsträger und Bedeutungsvermittler ausblieb (Gentzel 2017, 2019). Für die Gegenwart hat sich die Bedeutung von *Machen* in Verbindung mit *Medien* offensichtlich verändert und eine Möglichkeit, die Frage neu anzugehen, eröffnet sich mit praxistheoretischen Ansätzen.

Praxistheoretisch verortete Arbeiten, wie sie vor allem in der Soziologie und Sozialphilosophie zu finden sind, haben die Bedeutsamkeit von Medien für die von ihnen betrachteten Gegenstandsbereiche selten eigens thematisiert. Medien werden zwar nicht abgetan, aber ihnen wird nicht die Aufmerksamkeit geschenkt, die sie von einer kommunikationswissenschaftlichen Warte aus haben sollten (z. B. Knorr-Cetina und Bruegger 2002; Preda 2009). In der Kommunikationswissenschaft wiederum mehren sich die Rekurse auf Praxistheorie – in der Tat scheint es derzeit in Mode zu sein, von Medienpraktiken, *media practices*, medienbezogenen Praktiken zu sprechen, ohne dass der theoretische Unterbau immer ersichtlich wäre (Bakardjieva 2020). Die terminologische Referenz auf die Praxis ist verlockend, vielleicht gerade weil mit derartigen Anspielungen eine Bandbreite an dahinterliegenden sozialphilosophischen, soziologischen und kulturwissenschaftlichen Überlegungen mitschwingt (z. B. Bergermann et al. 2021; Burchell et al. 2020; Couldry 2004; Gentzel 2015; Pentzold 2015, 2020; Postill 2010; Raabe 2009). Zugleich ist das erkennbare Interesse am praxeologischen Vokabular der Uneinheitlichkeit und Vielzahl an konzeptuellen Anläufen geschuldet. Diese versuchen, das Ineinander von Bewegungsmustern, von Handlungs-, Verstehens- und Bewertungsschemata sowie kollektiven Wissensordnungen und Abläufen begrifflich auf den Punkt zu bringen, allerdings ohne dass bisher das Profil einer praxistheoretischen Schule für die Breite kommunikationswissenschaftlicher Forschung erkennbar wäre.

Die Plausibilität und der Ertrag einer praxistheoretisch begründeten Beschäftigung mit dem Gestalten und Aneignen von

Medien bemisst sich daher derzeit an den zahlreichen Einzelstudien, die nachgezeichnet haben, wie Medien in konkreten Kulturtechniken eingesetzt, fabriziert und moduliert werden (z. B. Beiträge in Bräuchler und Postill 2010; Korn et al. 2019a; Pentzold et al. 2020). Bei allen Unterschieden in der konzeptuellen Basis und den zugrunde gelegten Fragestellungen eint diese Beiträge die Idee, nicht von vornherein davon auszugehen, Medien würden für einen bestimmten gesellschaftlichen Bereich eine Rolle spielen (Morley 2009). Vielmehr geht es darum, bei den für eine Handlungssphäre bedeutsamen Praktiken anzufangen. Die gewollte analytische De-Zentrierung von Medien wird also erreicht, indem die Aufmerksamkeit zunächst auf Routinen und Aktivitätsmustern liegt und davon ausgehend geschaut wird, inwiefern hier mediale Funktionalitäten einbezogen und rekursiv um- und ausgestaltet werden, oder wie eben versucht wird, Medien zu vermeiden (Gießmann 2018; Woodstock 2014). Ein Beispiel sind NFTs, *non-fungible tokens*, also einzigartige digitale Werke, von denen manche einige Millionen wert sind. Um zu verstehen, wie dieser Handel funktioniert – und um eventuell selbst daran teilzunehmen –, müssen zuerst die speziellen Aktionen, also das, was die Beteiligten tun, begriffen werden. In den Foren und auf eigens dafür eingerichteten Webseiten ist beispielsweise die Rede vom Droppen (Ankündigen, wann, zu welchem Preis und in welcher Stückzahl NFTs zugänglich gemacht werden), Minten (Erschaffen neuer NFTs), Flippen (NFTs günstig kaufen und teuer weiterverkaufen), Apen (auf gut Glück in NFTs investieren) oder Sweepen (günstige NFTs kaufen, um deren Preis anzuheben).

Auch wenn es nun aber zahlreiche Einzelversuche einer Rekonstruktion arealspezifischer Praxiskonstellationen gibt, fehlt ihnen der paradigmatische Impetus, um die Gemeinsamkeiten und Unterschiede praxistheoretisch inspirierter Zugänge und Adaptionen sowie deren Leistungen und Traditionslinien abzustecken. Praxistheoretisch reflektierte Kommunikationsforschung und Medienanalyse befinden sich immer noch in den Anfängen. Ein Grund hierfür mag sein, dass es die *eine* Praxistheorie als konzeptuellen Rahmen nicht gibt, was jedoch nicht heißt, dass ihre Konturen komplett diffus blieben: das Feld der Praxistheorien konzentriert sich nicht auf einen Kern, wohl aber entfaltet es sich entlang eines Kanons an Überlegungen und Protagonist:innen, deren kommunikationswissenschaftliche Reflexion bisher nur ansatzweise erfolgt ist.

2.3 Argumente für eine praxistheoretische Forschungsperspektive

Welche Argumente sprechen für eine vergleichende Zusammenschau und theoretische Grundlegung, und was ist von ihr zu erwarten? Zunächst gilt festzuhalten, dass auf Medien bezogenes Tun, gleich in welchem Umfeld, zwar meist alltäglich und selbstverständlich ist, dies aber nicht bedeutet, dass es trivial oder voraussetzungsfrei wäre. Gerade die Beschäftigung mit dem *Wie*, also dem konkreten situativen Verfertigen von Medienpraktiken, macht deren Umstände und Bedingungsgefüge deutlich (Dang-Anh et al. 2017; Pentzold und Menke 2020). Um diese zu analysieren ist es erforderlich, das, was Menschen und Medien machen, *von beiden Seiten* anzugehen: Es zu verstehen als ein zusammen erfolgendes, miteinander verknüpftes Realisieren von habitualisierten Fertigkeiten und Verstehensweisen, von Benutzungs- und Bedienmotoriken der Menschen, das in jeweils konkreten Verhältnissen zu medialen, d. h. materiellen und symbolischen, Angeboten und Anwendungen steht. Geprägt werden diese soziomateriellen Konstellationen von Praxisteilnehmenden, Gegenständen und räumlichen Gegebenheiten sowie von institutionellen und kulturellen Erwartungen, Regeln und Wissensordnungen.

Ein Effekt dieser Nahschau auf die „mangle of practice" (Pickering 1995) ist die Befremdung des Bekannten. In Bereichen der Ethnografie, der Ethnomethodologie und Konversationsanalyse ist solche willentliche Exotisierung Programm, doch kann der Ertrag dieser Übung für praxistheoretische Vorgehen insgesamt reklamiert werden: gewöhnliches Tun wird außergewöhnlich. Damit einher geht eine Sensibilität für die genuine Andersartigkeit und Gewöhnungsbedürftigkeit des Gebrauchs von Medien, selbst im Umgang mit den Funktionalitäten und Restriktionen global präsenter Plattformen. Unter dieser Prämisse hat beispielsweise Elisabetta Costa (2018) in ihrer Feldforschung in der südöstlichen Türkei gezeigt, wie die Nutzenden dort Profile und Aktivitäten auf verschiedenen Plattformen strategisch auseinander hielten, sodass der häufig von westlichen User:innen erlebte *context collapse* sich nicht einstellte und sogar aktiv gemieden wurde. Den privaten Auftritt auf Facebook zu vermischen mit einem beruflichen Account erschien den Menschen, mit denen Costa sprach, abwegig. Auch die Festlegung auf ein Profil, wie sie von den Plattformen gewollt ist, war den Nutzer:innen suspekt.

Die Hinwendung zu Medienpraktiken *in situ* ist bereits in der von den Cultural Studies geprägten Kommunikationsforschung und Medienanalyse angelegt, gerade in Anlehnung an Michel de Certeaus (1988) Erkundung von Alltagstaktiken. Sie ist jedoch kaum ausbuchstabiert. Immer noch steht die in Hermann Bausingers (1983) Pionierarbeit aufgeworfene Forderung, Medien in der „Bedingungsstruktur gelebten Lebens" (S. 60) zu verorten und nachzuzeichnen, auf welche Weise medienbezogene Tätigkeiten Bestandteile alltäglicher Lebensführung sind und, verwoben mit anderen Beschäftigungen, den Alltag mit seinen Erwartungen, Beziehungen und Erledigungen formen. Bausingers Impuls hat, mehr oder minder direkt, andere Studien zum „Medienalltag" angestoßen, ohne dass diese den von ihm formulierten ganzheitlichen Anspruch stets eingelöst haben bzw. überhaupt einzulösen versuchten (Röser 2007).

Daneben wurden einzelne Konzepte und Autor:innen, die sich dem praxistheoretischen Spektrum zurechnen lassen, in Studien aufgegriffen, die sich etwa in Anlehnung an Anthony Giddens mit der kommunikativen Konstitution von Organisationen und Öffentlichkeiten befassen (z. B. Banks und Riley 1993; McPhee und Zaug 2006; Orlikowski 2000; Taylor und Van Every 2000; Webster 2011; Weder 2008) oder sich unter Verweis auf Pierre Bourdieu mit medial bedingten Sozialisationsprozessen, dem Ausbilden von Geschmacksurteilen oder dem Journalismus als (umkämpftem) sozialen Feld beschäftigen (z. B. Benson und Neveu 2005; Kuipers 2006; Park 2014; Weiß 2009; Wiedemann 2014; Wiedemann und Meyen 2013). Weiterhin eröffnen praxis-

2.3 Argumente für eine praxistheoretische Forschungsperspektive 13

theoretische Sichtweisen Möglichkeiten, die Relation von körperlich gebundenem Tun und Dingwelt zu verstehen (Pink und Leder-Mackley 2013).

Die vertiefte Hinwendung zu Medienpraktiken ist heute aus mehreren Gründen geboten, deren Zusammenführung das Anliegen einer Profilbildung unterstreicht.

Erstens sind die Operationen von Plattformen und Digitalmedien auf alltägliches Tun ausgerichtet (Eyal 2014). Die algorithmischen Prozeduren und die darauf aufbauenden ausgeklügelten Verwertungsstrategien sind deshalb so weitreichend und umfassend, weil sie alltägliche Gewohnheiten und habitualisierte Beschäftigungen in kostenlose Dienste implementieren. „Many of the habits that have recently become permeated by social media platforms used to be informal and ephemeral manifestations of social life", pointiert José van Dijck (2013, S. 6 f.). Die Aktivitäten der Nutzer:innen, ihr Rhythmus, ihre Dauer und Häufigkeit, sind Ausgangs- und Endpunkt von Datafizierung (Carmi 2020). Das Interesse der Plattformkonzerne am messbaren und steigerbaren *engagement* der User:innen hat, so gesehen, Vorrang vor der Beschäftigung mit den geteilten und gelikten Inhalten – ein Umstand, der zum Spannungsverhältnis zwischen öffentlichem Anspruch an die Vermittlungsrolle und der kommerziellen Agenda von Plattformen beiträgt.

Dabei ist zu betonen, dass die erforderliche Hinwendung zur Alltagspraxis die gesellschaftliche Makroebene weitgreifender Datafizierungsprozesse ebenso wenig in Frage stellt, wie die auf der organisationalen Mesoebene zu suchenden Ziele und Geschäftsmodelle der neuen Intermediäre. Vielmehr nimmt sie deren Interesse ernst, routinemäßige Nutzung zu erfassen, um damit Rückschlüsse auf Absichten und Einstellungen zu treffen. Evelyn Ruppert und ihre Kollegen (2013, S. 35) fassen diesbezüglich zusammen: „In the context of people, instead of tracking a subject that is reflexive and self-eliciting, they track the doing subject". Tagtägliches Tun wird hierbei nicht als schlicht gegeben oder unveränderbar angesehen, sondern die algorithmischen Operationen sind darauf gerichtet, Zugriff, Anwesenheit und Austausch auf den Plattformen zu verstetigen und auszubauen. Es kann ihnen nichts Besseres passieren, als dass eine Nutzungsform wie das

Posten von Bildern auf Instagram oder das Scrollen auf TikTok zur Gewohnheit wird. Bezeichnenderweise sind manche der prominenten Angebote zu Deonymen geworden, sprich der (im Falle von Twitter ehemalige) Name der Plattform bezeichnet jetzt die ganze Praktik, wie googeln oder twittern.

Zweitens können praxistheoretische Herangehensweisen den Blick auf die eigensinnigen Deutungen und *folk theories* der Nutzenden lenken, mittels deren sie über die Funktionsweisen, die Resultate und Effekte von Algorithmen räsonieren. Diese Alltagstheorien, beispielsweise wie die eigenen Hör- oder Sehgewohnheiten mit den Empfehlungen von Spotify oder Netflix zusammenhängen oder was Alexa eigentlich mithört und verarbeitet, mögen der Komplexität und Reichweite dieser (in Teilen opaken) Prozesse nicht entsprechen und oft unausgesprochen bleiben, doch sind sie nichtsdestotrotz handlungsleitend und sinnstiftend (z. B. Bucher 2019; Lomborg und Kapsch 2020; Ruckenstein 2023; Ytre-Arne und Moe 2021).

Drittens vermögen praxistheoretische Analysen die Erosion bestehender medialer Institutionen zu rekonstruieren. Besonders greifbar wird dies am Beispiel des Journalismus und dessen berufsständige Organisation, gesellschaftliche Aufgabe und Legitimation. Entscheidend in diesem Zusammenhang ist das Auftreten neuer Akteure, die außerhalb von Redaktionen journalistisch tätig sind und ihre Publika jenseits etablierter Medienstrukturen erreichen (z. B. Deuze und Witschge 2019; Lünenborg et al. 2020; Schapals 2022). Weil Journalismus nicht an professionelle Positionen und Organe gebunden ist, verunklaren sich die Verhältnisse, wer eigentlich journalistisch tätig ist und was es heißt, Journalismus zu betreiben. In dieser Situation, so Laura Ahva (2017), ist es hilfreich, bei journalistischen Praktiken anzusetzen und zu schauen, wo und von wem das Prüfen von Quellen, das Zusammenstellen und Abwägen von Positionen, das Verfassen, Redigieren und Verbreiten von Berichten erledigt wird (Wang und Guo 2023). Journalistisch tätig zu sein bedeutet demzufolge nicht mehr nur bei einer journalistischen Organisation angestellt zu sein, sondern reicht darüber hinaus in alle Bereiche, in denen Routinen des *newsmaking* aufgegriffen und adaptiert werden (Anderson 2020; Buschow 2020; Raabe 2008; Raetzsch und Lünenborg 2020; Ryfe 2018). Ebensolches gilt auch für andere Formen der Medienproduktion, etwa im Bereich audiovisueller Nachrichten und Unterhaltung, die nicht mehr allein an massenmediale Strukturen geknüpft sind.

Practice first! Grundsätze praxistheoretischen Denkens

3

Es gibt gute Argumente dafür, medien- und kommunikationswissenschaftliche Forschung praxistheoretisch anzugehen. Wir wollen diese anhand der leitenden Frage „Was *machen* Menschen *und* Medien?" zusammenführen und sie nutzen, um analytische Implikationen vor dem Hintergrund etablierter theoretischer Konzepte und empirischer Ansätze herauszuarbeiten. Entsprechend führen wir in diesem Kapitel einschlägige, in Reichweite und disziplinärer Anschlussfähigkeit gleichwohl unterschiedliche, Argumentationsmuster zusammen. Unsere Ziele sind Praktiken zu definieren, ihren erkenntnistheoretischen Status zu bestimmen und Grundsätze für die disziplinäre Forschung abzuleiten. Dabei werden die Prinzipien der Rekursivität und Relationalität für praxistheoretische Analysen vorgestellt und erläutert und deren Mehrwert mit Blick auf die Überwindung von drei Dualismen sozialwissenschaftlicher Forschung skizziert: Handlung und Struktur, Reproduktion und Veränderung, Menschen und Dinge bzw. Materialität und Symbole (die Abschn. 3.1 und 3.3 sowie die Einführung zu Teil 3 sind teilw. übernommen und z. T. abgewandelt aus Pentzold 2015, S. 229–233 u. 2016, S. 69–85).

Vorweg gilt es zwei Hindernissen zu begegnen. Das eine ist der ambivalente Status von Praxistheorien: Einerseits werden sie als kohärentes kulturtheoretisches Paradigma postuliert, andererseits lässt sich die *eine* Praxistheorie nicht identifizieren. Praxistheorien erscheinen eher als uneinheitliches Feld teils übereinstimmender, teils disparater sozialtheoretischer, epistemologischer und methodologischer Konstrukte, deren Einheit nachträglich behauptet wurde. Das andere ist, dass die Protagonist:innen des proklamierten „practice turn" (z. B. Schatzki et al. 2001; Reckwitz 2006) kulturtheoretische Alternativen wie Karl Mannheims Wissenssoziologie, Norbert Elias' Figurationstheorie, George Herbert Meads symbolische Interaktion oder den von Peter Berger und Thomas Luckmann geprägten Sozialkonstruktivismus auslassen oder, beispielsweise mit Blick auf die Sozialphänomenologie im Anschluss an Alfred Schütz, stark verkürzen (Bongaerts 2007; Endress 2002; Winter 2019). Aus disziplinärer Sicht ist diese Leerstelle für eine produktive praxistheoretische Diskussion nicht zu unterschätzen, weil Genese und Selbstverständnis der Kommunikations- und Medienforschung auch eine markant kulturtheoretische Forschungstradition beinhalten. Wir haben dies weiter oben mit Verweisen auf die Cultural Studies und den Domestizierungsansatz bereits nachgezeichnet.

Beiden Einwänden können wir gerade wegen ihrer fundamentalen Kritik im Rahmen der vorliegenden Argumentation nicht umfassend begegnen. Stattdessen werden Praxistheorien in der Folge als „useful abstractions" (Hesmondhalgh und Toynbee 2008, S. 3) gebraucht und Grundsätze des praxistheoretischen Denkens herausgearbeitet. Praxistheorien sind eine sozial- und erkenntnistheoretische Option, die komplementär zu anderen, besonders in der kulturalistischen Kommunikations- und Medienforschung aufgenommenen sinn- und bedeutungsorientierten Theorieangeboten steht, allen voran zum Symbolischen Interaktionismus sowie zu phänomenologischen und hermeneutischen Ansätzen (z. B. bereits Bachmair 1990; Bausinger 1983; Renckstorf 1989; Teichert 1972).

3.1 Praktiken: Eine erste Begriffsbestimmung

Praktiken sind zeitlich und räumlich sequenzierte, sozial typisierte sowie körperlich und dinglich verankerte Aktivitätsmuster. Sozialität und symbolische Sinnwelten konstituieren, reproduzieren und verändern sich in und durch Praktiken und sind entsprechend aus diesen zu rekonstruieren. Praxistheorien stellen somit eine alternative kulturtheoretische Handlungserklärung dar (Reckwitz 2000, S. 546–617). Als solche sind sie in der Kommunikationswissenschaft, anders als zweck- und normorientierte Handlungsmodelle oder Strukturanalysen, bislang nicht allgemein etabliert. Gleichzeitig setzen sich verwandte, in der Kommunikationswissenschaft umfangreich rezipierte Ansätze, etwa jene, die sich am Pragmatismus oder am Interpretativen Paradigma orientieren, und wie die Praxistheorie eine sinnverstehende Handlungserklärung verfolgen, bislang nicht explizit mit praxeologischen Axiomen auseinander (Göttlich 2006; Hepp 2008; Krotz 2008). Zugespitzt formuliert eint Praxistheorien letztlich die Überzeugung, dass Praktiken selbst eine eigenständige sozial- wie erkenntnistheoretische Kategorie darstellen, von der die sie ausführenden Akteur:innen und bedingenden Strukturen, soziales Leben, Medienkulturen und Kommunikationssphären zu untersuchen sind. In diesem Sinn erklärt Theodore Schatzki (1996), „that practices are not only pivotal objects of analysis in an account of contemporary Western society, but also the central social phenomenon by reference to which other social entities such as actions, institutions, and structures are to be understood" (S. 10).

In Andreas Reckwitz' (2003) Synopse sowie in den Rekonstruktionsversuchen von Theodore Schatzki (1996, 2002), Robert Schmidt (2012) und Frank Hillebrandt (2014) werden Pierre Bourdieus Auseinandersetzung mit Habitus, sozialem Feld und praktischem Sinn sowie die von Anthony Giddens diskutierte Dualität von Struktur und das von ihm erläuterte Verhältnis von praktischem und diskursivem Bewusstsein zum programmatischen Kernbestand der praxeologischen Handlungserklärung gezählt. Als Vordenker bzw. Vertreter werden Ludwig Wittgenstein und Martin Heidegger sowie Referenzautor:innen, von Karl Marx über John Austin, Harold Garfinkel und Michel Foucault bis Charles Taylor, Judith Butler und Bruno Latour, auf praxistheoretisch grundlegende oder anschlussfähige Argumente hin rezipiert. Diese Vielfalt an Bezügen hat dazu beigetragen, dass sie in verschiedenen sozialwissenschaftlichen Forschungsrichtungen aufgegriffen werden. Insbesondere in Wissenschaftsforschung,

Management- und Strategielehre, Innovationsforschung, Organisationswissenschaft und Konsumsoziologie befördert, so scheint es, die Disparatheit praxistheoretischer Konzepte ihre fachliche Adaption, da sie so selektiv aufgegriffen und in disziplinäre Tendenzen integriert werden können (Ortner 1984; Schäfer 2013, S. 13–27).

3.2 Programmatik: Überwindung dualistischer Erklärungsmodelle

Erkenntnistheoretisch gehen Praxistheorien davon aus, dass Praktiken als Letztelemente des Sozialen den Ausgangspunkt für sozialwissenschaftliche Analysen markieren. Damit verbunden ist die Vorstellung einer „flachen Ontologie" (Schatzki 2016, S. 30 f.), die eine allgemeine Zuschreibung von Handlungs- und Gestaltungspotenzialen, Prägekräften oder Wirkungen an und zwischen voneinander streng abgegrenzten Entitäten (Subjekt und Struktur, Menschen und Medien) nicht zulässt.

Die Argumente für diese erkenntnistheoretische und seinsbezogene Positionierung werden, vereinfacht ausgedrückt, über drei unterschiedliche Wege entwickelt: Aus den sozialphilosophisch gewendeten Interpretationen der Arbeiten von Ludwig Wittgenstein und Martin Heidegger (Bloor 2001; Couldry 2004, S. 123; Dreyfus 2001; Reckwitz 2003, S. 283; Schatzki 1996, S. 18, 25–54), aus der ideengeschichtlichen Rekonstruktion der Entwicklung von Kultur- und Sozialtheorie (Hillebrandt 2014; Reckwitz 2008a; Schmidt 2012) und über eine „empirisch-"wissenssoziologische Begründung (Knorr-Cetina 1989; Latour 2010). Gemeinsam ist diesen Traditionen die Ablehnung des sozialwissenschaftlich lange Zeit dominierenden „korrespondenztheoretischen Erkenntnismodells" (Dreyfus 1991; Knorr-Cetina 1989; vgl. Gentzel 2017). Dieses geht davon aus, dass Wahrheit und Objektivität durch die Anwendung von (der Praxis äußerlichen) Verfahren wie etwa Logik oder Messen entdeckt bzw. hergestellt werden; dass also die theoretische Erklärung der Welt aus einer distanzierten Beobachterperspektive erfolgt (Dreyfus 1991, S. 4–9).

Im ersten Fall zielt das praxistheoretische Interesse an der philosophischen Sprachanalyse (Wittgenstein) und Existenzanalyse (Heidegger) auf den in ihnen angenommenen Vorrang der Praxis. Ausgangspunkt beider Philosophen ist die Einsicht, dass Menschen untrennbar in „Sprache" (Wittgenstein) und „Welt" (Heidegger) verwoben sind und es folglich diese Verwobenheit in *doings and sayings* ist, die sämtliche Sozialforschung zu berücksichtigen hat (detailliert in Gentzel 2015, S. 30–48). Die Stoßrichtung der Argumentation ist dabei eine doppelte: Zum einen gegen Idealismus und Metaphysik, die Erkenntnis an den subjektiven Gebrauch von Vernunft koppeln, und zum anderen gegen historische oder sozialpsychologisch akzentuierte Materialismustheorien, deren analytische Befunde auf (Sozial-)Strukturen, beispielsweise von Arbeit und Herrschaft, zulaufen (u. a. Dreyfus 1991, S. 7, 35 ff., 146–156; Rentsch 1985).

Die ideengeschichtliche Rekonstruktion der „Transformation der Kulturtheorien" (Reckwitz 2008a) überträgt jene anhand von Sprache und Weltlichkeit entwickelten Argumente auf die sozialwissenschaftliche Theoriegeschichte. Damit rücken Status und theoretische Funktion von Subjekt- und Strukturkonzepten in den Mittelpunkt. Andreas Reckwitz beispielsweise diagnostiziert eine „Konvergenzbewegung", in der auf der einen Seite das sozialphänomenologische Subjekt in einer Theorielinie von Alfred Schütz über Clifford Geertz und Erving Goffman zu Charles Taylor systematisch „dezentriert", auf der anderen Seite die überindividuelle Struktur, in einer Linie von Claude Lévi-Strauss über Michel Foucault bis zu Pierre Bourdieu, „entmystifiziert" (Reckwitz 2008a, S. 229 f., 348 f., 532 f.) wird.

In diesen Argumentationen sind der Vorrang der Praxis bzw. die Bestimmung von Praktiken als Letztelementen des Sozialen das Ergebnis eines ideengeschichtlich vorangetriebenen, spiegelverkehrten Prozesses: Während die Sozialphänomenologie gesellschaftlichen Strukturen und kulturellem Orientierungswissen sowie dinglichen und technischen Akteuren für die Handlungserklärung zunehmend mehr Bedeutung zugestand, öffnete der Poststrukturalismus Spielräume für individuelle und situative Modellierungen, für die Pluralisierung und Dynamisierung von Struktur.

Die wissenssoziologische Argumentation zum Vorrang der Praxis stammt aus dem Feld der Science and Technology Studies (STS) und konzentriert sich vorrangig auf das empirisch rückgebundene Rekonstruieren des Fabrizierens von Wissen und folglich des Konstruierens von Sozialität und Wirklichkeit. Die konkrete Bestimmung der erkenntnistheoretischen Position variiert dabei je nach Geltungsbereich und Skalierung. Charakteristisch für die frühen *laboratory studies*, deren Untersuchungsgegenstand die Produktionspraxis naturwissenschaftlichen oder technischen Wissens in hochgradig strukturierten Arbeitssettings ist, ist die erkenntnistheoretische Position des „empirischen Konstruktivismus" (Knorr-Cetina 1989). Er begreift soziale Wirklichkeit als Produkt von „Konstruktions*arbeit*" (S. 92, Herv. i. O.), die maßgeblich von den *„Konstruktionsprozesse(n) der Teilnehmer"* (S. 91, Herv i. O.) beeinflusst ist. Damit wird die Analyse der Praxis mit einer Norm wissenschaftlicher Praxis verbunden, nämlich der Freilegung von Zugängen zu und Exploration von ehemals unzugänglichen Phänomenbereichen. Erkenntnistheoretisch traut, bündig formuliert, der empirische Konstruktivismus der STS „der Modellbildung auf Distanz genügend Fantasie nicht zu, um welterweiternd zu wirken" (S. 95). Nahezu idealtypisch findet sich die Emphase auf in situ Prozesse der Bedeutungsaushandlung zwischen Menschen, Technologien und Artefakten in den Ansätzen der *boundary objects* (Bowker und Star 1999; Star und Griesemer 1989) und (Grenz-)Infrastrukturen (Star und Ruhleder 1996), die vor allem in der Medienwissenschaft adaptiert wurden (Gießmann und Taha 2017; Ziemann 2020).

Einen Schritt weiter geht schließlich die erkenntnistheoretische Position des „Kompositionismus" der Aktor-Netzwerk-Theorie (ANT) im Sinne Bruno Latours (z. B. Latour 2010). Die Grundkategorie dieses Ansatzes ist das Netzwerk, das aus Verknüpfungen, Relationen, Übersetzungen und Assoziationen zwischen Akteuren besteht. Akteure definieren sich in der ANT dadurch, dass sie eine gegebene Situation verändern bzw. „einen Unterschied im Verlauf der Handlungen irgendeines anderen Handlungsträgers" machen (Latour 2007, S. 123). Was Menschen und Medientechnologien sind und was sie machen, ergibt sich entsprechend aus der konkreten praktischen Komposition dieser relationalen Größen, d. h. sie werden in dieser Perspektive „von vielen anderen *zum Handeln gebracht*" (Latour 2007, S. 81). In der Folge stellt dann auch Sozialität im Kern einen „Verknüpfungstyp" (S. 17) dar; ist das Machen von Menschen und Medien mit Hilfe des „Konzepts" oder „Werkzeugs" (S. 228) der (Akteur-)Netzwerke jeweils konkret im praktischen Vollzug (neu) zu bestimmen. Im Gegensatz zum empirischen Konstruktivismus zielt Symmetrie hier also nicht auf das Verhältnis von theoretischem Wissen und praktischen Konstruktionsprozessen, sondern auf die verteilte Handlungsträgerschaft der im Netzwerk verbundenen Akteure selbst. Menschen und Medientechnologien sind nicht a priori „asymmetrisch" mit Handlungsfähigkeit und -macht ausgestattet, sondern für die Analyse zunächst als gleichberechtigte, symmetrische Akteure der Praxis zu verstehen.

3.3 Prinzipien: Rekursivität und Relationalität

Was bedeutet diese erkenntnis- und sozialtheoretische Positionierung von Praxistheorie nun für die kommunikationswissenschaftliche Analyse? Welcher Mehrwert ergibt sich aus ihr? Folgend skizzieren wir mit Rekursivität und Relationalität zwei basale Prinzipien, die sich aus der vorangegangenen Verortung ergeben.

3.3.1 Rekursivität: Praktiken zwischen Situation und Struktur

Wie erläutert nehmen Praxistheorien an, dass Absichten und Zwecke sowie Normen erst in Bezug auf Kultur Bedeutung und Handlungsrelevanz erhalten, wobei Kulturen verstanden werden als kollektiv geteilte Sinnsysteme, die subjektives Verstehen und Handeln fundieren (Reckwitz 2000, S. 84). Jedoch betonen Praxistheorien das rekursive Hervorbringen von Praktiken als situatives Umsetzen dieser Sinnsysteme, statt ganzheitliche

Wissensstrukturen oder subjektive Verstehensakte als Ausgangspunkte der Handlungserklärung zu nehmen (Schmidt 2012, S. 51–55).

Folglich verklammert Andreas Reckwitz (2000) Wissensordnungen und Praxisvollzug und erklärt: „Soziale Praktiken stellen einen Komplex von kollektiven Verhaltensmustern und gleichzeitig von kollektiven Wissensordnungen […] sowie diesen entsprechenden Mustern von subjektiven Sinnzuschreibungen dar, die diese Verhaltensmuster ermöglichen und sich in ihnen ausdrücken" (S. 565). Praxistheoretischer Referenzpunkt sind regelmäßig hervorgebrachte, über Spannen von Raum und Zeit hinweg (re-)produzierte, typisierbare und beobachtbare Handlungsverkettungen. Diese Praktiken sind, erklärt Anthony Giddens (1997, S. 77), nicht durch vorgängige Strukturen organisiert, sondern ihre „Strukturmomente" sind „Medium wie Ergebnis", weshalb Dualismen wie *agency* versus *structure*, Mikro versus Makro oder Reproduktion versus Veränderung obsolet würden. Praktiken bilden vielmehr das Scharnier zwischen individuellem, situationalem Tun und überindividuellen, transsituativen Strukturen.

Um dieser „syntagmatischen Dimension der Strukturierung" (Giddens 1997, S. 68) terminologisch Rechnung zu tragen, gebraucht Giddens den Begriff der sozialen Praktiken. Sozial intelligibel sind Praktiken darin, dass sie als routinisierte Handlungsmuster verstehbar sind, Handlungsvollzüge erwartbar machen und in Referenz auf andere Praktiken hervorgebracht werden (Schmidt und Volbers 2011). Praktiken als Letztelemente von Sozialität erklären soziale Ordnung daher nicht zuerst über Intentionalität, Rationalität, Normgeleitetheit oder kommunikative Verständigung, sondern, diesen vorausgehend, über die Reproduzierbarkeit des „ongoing accomplishment of the concerted activities of daily life" (Garfinkel 1967, S. vii).

Wie erläutert findet die Vielfalt praxistheoretischer Argumentationen in der flachen Ontologie einen gemeinsamen Nenner. Bezogen auf die sozialwissenschaftliche Analyse von Wirklichkeit bedeutet dies, dass „erstens Praktiken als zentrales Element der Konstitution sozialer Phänomene" angesehen werden und zweitens, „dass Praktiken sich nur auf einer Ebene erstrecken" (Schatzki 2016, S. 32). In diesem Sinn folgt die Praxistheorie nicht der Unter- oder Überordnungslogik von Analysedimensionen wie etwa die bekannte Einteilung in Mikro-, Meso- und Makrophänomene, und sie verwehrt sich Kausalitätsbehauptungen, etwa wie körperliche Tätigkeiten auf mentale Operationen zurückzuführen sind. Praxistheorien geht es vielmehr um in diesem Sinne ‚flache' Felder und rekursive Struktur-Praxis-Zusammenhänge, oder, wie Schatzki (2016) weiterschreibt, um ein Plenum: „Damit meine ich, dass soziales Leben, d. h. menschliche Koexistenz (der Zusammen-Hang menschlicher Leben) sich inhärent in solcherart Bündel ereignet. Die Gesamtheit dieser Bündel bildet dabei das Plenum, in dem sich alle sozialen Phänomene ereignen" (S. 33). Gegenstand praxistheoretischer Forschung sind diese Praktikenbündel, d. h. räumlich verteilte und zeitlich variierende Zusammenspiele von Wissen, Körpern und Artefakten bzw. ein „temporally unfolding and spatially dispersed nexus of doings and sayings" (Schatzki 1996, S. 89).

Was Menschen und Medien machen, ist daher weder mittels subjektiven Handlungsmotiven noch mit einer vermeintlich universellen und immer gleichen Strukturen hinreichend erklär- und verstehbar. Weder aggregieren sich Makrophänomene aus Mikrophänomenen noch sind letztere eine Miniaturausgabe der zuerst genannten. Folglich lassen sich soziale Ordnung, Macht oder Herrschaft nicht allein aus Intentionen, Rationalitäten oder Normen ableiten, sondern begründen sich in den musterhaften Verkettungen von Praktiken, die in konkreten Alltagsbezügen reproduziert und variiert werden.

Soziale Ordnung im praxistheoretischen Sinn ist nicht mit eingeschliffenen Macharten, Gleichförmigkeiten und Stabilität zu verwechseln. Praktiken sind zugleich wiederholend als auch erzeugend, sind sowohl Innovation als auch Iteration (Hörning und Reuter 2004, S. 13; Schatzki 2002, S. 6–17). Praxisteilnehmende sind folglich nicht nur in Praktiken verstrickt und eingebunden in vorgeformte Sinnbezüge, die ihrem Tun unterlegt sind. Ihre Tätigkeiten sind vielmehr herstellend-hervorbringende Praktiken, in denen beständig neue und kontingente Bedingungen berücksichtigt werden müssen (Schäfer 2013; Shove et al. 2012). Das Realisieren der musterhaften Ordnungen ist demnach in Bewegungs-, Zuschreibungs- und Verstehensspielräumen variabel. Es bestehen Möglichkeiten zur Kritik, zur Revision und zum „Immer-wieder-neu-Ansetzen" statt bloßem „In-Gang-Halten" (Hörning 2001, S. 12, vgl. auch Reckwitz 2008a, S. 122 ff.). Angesichts von Zukunftsungewissheiten und Sinnverschiebungen können zudem Improvisation und Spontaneität notwendig werden. Konsequenterweise umfasst praktisches Wissen auch Kompetenzen, kreativ mit Gegebenheiten umzugehen (Hörning 2001, S. 194 f.; Swidler 1986, S. 276 f.).

3.3.2 Relationalität: Dinge und praktisches Wissen

Das Betonen der körperlichen und dinglichen Bezüge von Praktiken unterscheidet Praxistheorien von der Mehrzahl der Handlungstheorien (Joas und Knöbl 2004, S. 713). *Materialität* ist nachgerade ein zentraler Baustein praxistheoretischer Argumentationen. Für die Kommunikations- und Medienforschung ist damit zunächst die Relevanz medialer Artefakte, von technischen Protokollen und Funktionsweisen sowie des Designs von Algorithmen und Templates angesprochen. Studien haben in diesem Zusammenhang beispielsweise gezeigt, welche Bedeutung Größe und Gewicht von Kofferradio, Walkman und Handy für die Mobilisierung der Mediennutzung hatten (Weber 2008; Weder 2008) oder wie digitale Plattformen bestimmte Praktiken privilegieren und andere exkludieren (Gillespie 2018; van Dijck et al. 2018; Yeung 2017).

Materialität bezieht sich zudem auf die Inkorporation von Wissen. Praxistheorien messen impliziten „Wissensrepertoires und -kompetenzen" (Karl H. Hörning), dem „knowing how" (Gilbert Ryle), „implicit" oder „tacit knowledge" (Michael Polanyi) maßgebliche Bedeutung bei. Diese Wissensformen sind Voraussetzung für Intelligibilität, für Sinn und Bedeutung, aber sie sind nicht immer bewusst, reflektiert und rational. Die Betrachtung dieser Wissensformen, von Brauchtum, Habitualisierungen und Routinen ist, wie bereits angemerkt, nun kein exklusives Merkmal von Praxistheorien. Sie gewinnen allerdings durch die Verknüpfung mit digitalen Medien, mit Plattformen und Infrastrukturen, die gezielt an etablierten Routinen und Gewohnheiten andocken, an Bedeutung.

3.3 Prinzipien: Rekursivität und Relationalität

Praktiken verweisen immer „auf zweierlei materielle Träger [...] auf Körper und auf Artefakte", d. h. soziale Praktiken sind „letztlich ein Arrangement sinnhaft regulierter Körperbewegungen und Artefaktaktivitäten, die beide in den Praktiken miteinander gekoppelt sind" (Reckwitz 2006, S. 698). Ihre Differenz zu anderen Sozial- und Handlungstheorien liegt darin, dass sie die Beziehungen zwischen Körpern, Gegenständen und Wissensordnungen im Verhältnis zu Tätigkeiten im Vollzug verstehen. Diese in Praktiken gestifteten Relationen und Positionen sind nicht auf räumliche Gegebenheiten oder Stellungen in sozialen Netzwerken zu reduzieren. Sie prägen vielmehr als „Bezugsrahmen von und für Interaktionen" (Giddens 1997, S. 39) bzw. soziale Felder (Bourdieu 1985, S. 9–15), wie Handelnde und Gegenstände verstanden oder gebraucht werden, wie ihnen gegenüber agiert wird, wie Praxisteilnehmende selbst handeln können und über welche relational und situational ungleich verfügbaren allokativen (Rohstoffe, materielle Produktionsmittel, erzeugte Güter) und autoritativen (Organisation von Raum, Zeit, Beziehungen und Lebenschancen) Ressourcen sie verfügen (Giddens 1997, S. 316). Für Pierre Bourdieu (1985, S. 10 f.) sind diese Handlungsbefähigungen und -begrenzungen das ökonomische (materielle Ausstattung), kulturelle (Bildung), soziale (Beziehungen, Zugehörigkeiten) und symbolische (Prestige) Kapital.

In der einen Konsequenz dieser Überlegung sind praxiskompetente Teilnehmende „Partizipanden des Tuns" (Hirschauer 2004, S. 73) und so als Träger von Handlungsfähigkeit (*agency*) und Gestaltungsfähigkeit (*empowerment*) in den körperlichen Vollzug der Praktiken eingebunden. Das Bewerkstelligen von Praktiken gründet nicht vornehmlich auf propositionalem Fakten- oder Lösungswissen, in ihnen kommt stattdessen *knowing how* zum Ausdruck (Schatzki 1996, S. 47). Dieses Wissen ist den Teilnehmenden insbesondere in Form von Handlungsfertigkeiten, als kompetentes Vollziehen einer Praktik vor dem Hintergrund zuhandener Ziele, Gründe und Wertungen verfügbar, während kollektive Wissensordnungen vielfältig darauf beziehbare Kenntnisse und Überzeugungen fundieren (Reckwitz 2000, S. 567; Schulz-Schaeffer 2010, S. 334).

Das Betonen des Körpers als Inkorporationsinstanz praktischer Kompetenzen steht in Kontinuität zu Ludwig Wittgensteins

(1953/2009, § 150) Idee, Wissen als praxisabhängiges, unvollständig verbalisiertes und auch nicht komplett verbalisierbares „Sich-auf-etwas verstehen" bzw. „Eine-Technik-beherrschen" zu fassen. „Was die Handelnden über ihr Handeln und die entsprechenden Handlungsgründe wissen – ihre Bewußtheit (*knowledgeability*) als Handelnde – ist ihnen weitgehend in der Form des praktischen Bewußtseins präsent", konstatiert Giddens (1997, S. 36; Herv. i. O.). Im Erklären des Beteiligens an Praktiken können diese impliziten Fertigkeiten weder von Teilnehmenden noch von (wissenschaftlich) Beobachtenden vollständig explizit gemacht bzw. in das „diskursive Bewusstsein" geholt werden (Giddens 1997, S. 57). Theoretische Form findet die Idee von Handlungs-, Denk- und Wahrnehmungsdispositionen im Bourdieu'schen Konzept des Habitus, das auf das Einüben von Praxis verweist. Um kompetent handlungsfähig zu sein, so Bourdieu (1979, S. 171), müssen die Handelnden mit ihren sozialisierten Körpern an Praktiken teilhaben, wodurch sie sich Dispositionen des Wahrnehmens, Denkens, Fühlens und Bewertens einverleiben (Hillebrandt 2009, S. 53 ff.). Für das reproduktive und kreative Beteiligen an Praktiken relevant wird der Habitus, indem er das Praxisvermögen vorstrukturiert und handlungsleitende Anschauungsweisen, Klassifikationen und Bewegungsmuster generiert (Bourdieu 1998).

In der anderen Konsequenz werden Dinge als Ressourcen von Handlungs- und Gestaltungsfähigkeit verstanden. Sie müssen kompetent gehandhabt werden und sind damit, praxistheoretisch gesehen, eingebunden in das „Verhältnis des praktischen Verstehens" (Reckwitz 2008a, S. 154). Im Unterschied zu Technik- und Mediumstheorien, die Gegenstände entweder als frei interpretierbare Texte oder als determinierende vergegenständlichte Kräfte verstehen, bedingen sie Praktiken aber nicht durch ihre Deutung oder von ihnen ausgehende Sachzwänge, sondern weil sie in ihrer Materialität und Funktionalität kompetent gehandhabt werden müssen. Ihre handlungsermöglichenden und -beschränkenden Einflüsse erwachsen also relativ zu den mit Praktiken verfolgten Vorhaben, dazu benötigten Fertigkeiten und damit verbundenen Deutungen und Bewertungen (Schatzki 2002, S. 71). Folglich bleibt die Akteursähnlichkeit von Gegenständen eine

Zuschreibung von Handlungsfähigkeit, ohne dass sie über handlungsbefähigendes Können und Wissen sowie eine „Einsicht in und ein Urteil über die praktische Situation, in der sie eingesetzt werden soll[en]" (Hörning 2001, S. 165), verfügen müssen.

3.4 Stellung des Subjekts: Praxis als Möglichkeit von Subjektivierung

Die Frage nach dem, was Menschen *und* Medien machen, verweist auf ein Wechselverhältnis. Konzeptionelle Überlegungen und Forschungsdesigns aus dem Umfeld von ANT und STS haben herausgearbeitet, dass die Bedeutung von Materialität und technischen Designs, von Klassifikations- und Standardisierungseffekten für die Fabrikation von Wissen kaum zu unterschätzen ist. Nicht zuletzt aufgrund solcher Umorientierungen werden Praxistheorien mit einer sozialtheoretischen Zurückdrängung der Handlungs- und Gestaltungsmacht menschlicher Subjekte in Verbindung gebracht. Aus kommunikationswissenschaftlicher Sicht kommen bei ihnen aber subjektive und soziale Sinnbezüge mitunter zu kurz, sozialtheoretische Argumentationen verweisen zudem auf ihre fehlende analytische Sensibilität gegenüber sozialen Ordnungsprinzipien, Machtverhältnissen und dem prozessualen Charakter von Kommunikation (Couldry 2006, 2020; Gentzel 2017; Star und Ruhleder 1996; Suchman 2002). Schließlich wird ein Mangel an normativen Orientierungen und dem damit verbundenen Fehlen von Reflexions- und Kritikpotenzialen konstatiert (Alkemeyer et al. 2015; Jasanoff 2015).

Tatsächlich schränkt Relationalität als Prinzip des Denkens und Forschens bestimmte Vorstellungen menschlicher Agency ein. Gleichwohl sind Kommunikationsprozesse immer auch Prozesse der Sinngebung und Bedeutungsaushandlung, die mit Identitäts- und Wirklichkeitskonstruktionen verbunden sind. Diese wiederum sind oft Ausgangspunkt für kritische Kommunikations- und Medienforschung, etwa im Zusammenhang mit Konzepten der Medienkompetenz (Medienaneignungsforschung) oder der Rückbindung von Decodierungs- bzw. Verstehensleistungen an gesellschaftliche Strukturen (Cultural Studies). Die Frage nach dem

Stellenwert der Subjekte – als kommunikative Produzentinnen von Bedeutung und Sinnstrukturen – stellt sich für die Medien- und Kommunikationswissenschaft daher besonders dringlich.

Die Ansichten darüber, wie frei gestaltbar, bewusst und aktiv die Bezüge einzelner Menschen auf kollektive Wissensvorräte und Interpretationsschemata sind, variieren in den unterschiedlichen praxistheoretischen Argumentationen. Unstrittig ist, dass Kultur im Sinne eines „Bezugssystems" für die „sinnhafte Organisation der Wirklichkeit, in deren Zusammenhang Verhalten und soziale Gebilde erst möglich werden" (Reckwitz 2008b, S. 16) konstitutiv ist. Dieses Bezugssystem hat eine symbolische Form (u. a. Cassirer 2007), d. h. es besteht aus Zeichen- (z. B. Sprache, Texte, Bilder) und Wissenssystemen (z. B. Kunst, Wissenschaft, Ökonomie). Für Praxistheorien sind Sozialität und Kultur daher sowohl Voraussetzung dafür, die Frage, was Menschen und Medien machen, sinnvoll stellen zu können (Praxis der Wissensproduktion), als auch eine erste unspezifische Antwort (Reproduktion und Veränderung symbolischer Formen). Wir haben weiterhin gezeigt, dass dieses Machen, das allgemeine Herstellen, Reproduzieren und Verändern von Sozialität und symbolischen Formen, praxistheoretisch relational konzipiert ist und nicht vorab Menschen *oder* Medien zugeschrieben werden kann – und empirisch entsprechend konkret erforscht werden muss. Als zentralen Beitrag der Praxistheorien haben wir hierfür die Sensibilisierung für dinglich-materielle Aspekte der Vollzugswirklichkeit benannt, die in traditionellen Handlungstheorien wie auch in Kommunikationsforschung und Medienanalyse lange Zeit unterrepräsentiert waren. Die Frage, was Menschen und Medien machen, zielt also auf symbolische und materielle Aspekte, auf *doings* and *sayings*. Jedoch variiert der Fokus praxistheoretischer Ansätze und damit verbunden auch die Vorstellungen über Souveränität, Aktivität und Gestaltungsmacht von Menschen. Die sozialtheoretische Diskussion wie „stark oder schwach", „dünn oder dick" menschliche Subjekte in relationalen Figurationen, Konstellationen oder, wie andere sagen, Netzwerken zu konzipieren sind, ist facettenreich (u. a. Knoblauch 2019; Reißmann und Bettinger 2022; Steets 2019).

3.4 Stellung des Subjekts: Praxis als Möglichkeit ...

Die musterhafte Ordnung solcher Gefüge verweist auf die übersituative – relative – Konstanz von Praktiken. In ihrem Vollzug mobilisieren Praktiken spezifische An-Ordnungen von Menschen, Gegenständen, Räumen sowie zugehöriges praktisches Wissen. Das bedeutet, dass der situative Spielraum für menschliche Agency, für kreative und kontingente Umarbeitung des Bündels an Elementen, die in Praktiken formiert sind, nicht zufällig ist. Vielmehr ergeben sich Spielräume und „Platzanweisungen", was für Subjekte innerhalb von Praktiken zu tun ist, aus der Geschichte vorangegangener Praxis und sozialisatorischer Erfahrung (z. B. Hoffmann et al. 2017). Wer vor diesem Hintergrund Stellung und Stellenwert von Subjekten in wiederkehrenden Praxiskonstellationen ergründen möchte, muss sich folglich mit den historisch und kulturell varianten, materiell und symbolisch konkreten Formen der Subjektivierung beschäftigen.

Wenn es kein logisches Primat von menschlichen Subjekten als einzig relevanten Handlungsträger:innen gibt, fußen jedenfalls auch die spezifischen Subjektformen und die gesellschaftlichen Subjektordnungen, d. h. die Beziehungen und Hierarchien „typisierter Subjektformen" (Reckwitz 2008b, S. 10–11), z. B. Geschlechterordnungen, Milieus und Sozialfiguren wie Arbeiter:innen, Künstler:innen, Manager:innen, auf Praxis und Praktiken. Auf der einen Seite eröffnen Praxistheorien der wissenschaftlichen Analyse von Subjektivierungsprozessen und Subjektformen neue Möglichkeiten, da letztlich „[a]lle sozialen Praktiken […] sich unter dem Aspekt betrachten [lassen], welche Formen des Subjekts sich in ihnen bilden" (Reckwitz 2008b, S. 135). Subjektivierung wird damit auch auf die Analyse dinglich-materieller und technischer Aspekte verpflichtet, deren Verwendung beispielsweise bestimmte Haltungen, Körperbewegungen und Wahrnehmungsformen privilegiert und andere nicht. Auf der anderen Seite ist kritisch festzuhalten, dass die unterschiedlichen praxistheoretischen Beiträge die symbolische Dimension – und damit letztlich auch den Stellenwert von Kommunikation und Subjekten als Produzent:innen von Wissen(sordnungen) und Diskursen – mitunter vernachlässigen oder nur einseitig adressieren.

Das Instrumentarium Bourdieus legt den Fokus auf den menschlichen Körper, die Inkorporation gesellschaftlicher Distinktionen, die sich anhand unterschiedlicher Kapitalsorten und Feldspezifika in der Praxis als individuelle Dispositionen und Geschmacksurteile zeigen; mit Schatzki ist Subjektivierung anhand von Bündeln aus Praktiken und materiellen Arrangements zu analysieren, wobei einerseits Subjekte in Praktiken Materialität hervorbringen, gebrauchen, verändern und andererseits durch materielle Arrangements ermöglicht, ausgerichtet und präfiguriert werden (Schatzki 2016, S. 33). Die Rolle menschlicher Subjekte zerfällt dabei je nach Situation in eher passive Vollzugsorgane oder strategische und taktische Konstrukteure (Hörning 2004); in den Arbeiten aus dem Umfeld der STS emergieren Subjektformen in Relation zu technischen Objekten und materiellen Anordnungen, wobei z. B. materielle Gegebenheiten Praktiken genauso vorstrukturieren können, wie Menschen Materialität konstruieren, stabilisieren und verändern; mit der ANT sind Subjektformen als Netzwerke aus menschlichen und dinglichen Akteuren bzw. Aktanten zu verstehen.

Die Frage nach Menschen und Medien schreibt der produktiven und kritischen Auseinandersetzung mit diesen Ansätzen daher eine Aufwertung der symbolischen Dimension ein, weil Medien nicht ausschließlich als materiell-technische Artefakte verstehbar sind (u. a. Wajcman und Jones 2012; Jasanoff 2015, S. 17–19) und, damit zusammenhängend, mediatisierte Kommunikation maßgeblich an der Reproduktion und Veränderung der (situative und singuläre Praktiken übergreifenden) symbolischen Dimension von Subjektivierungsprozessen beteiligt ist, beispielsweise in Form populärkultureller Ästhetiken, Diskurse, Vorstellungen und Normen (Hörning 2001, S. 223–243, 2004). In kritischer Fortführung des Erbes von Medienaneignungsforschung und Cultural Studies kann ein zentraler Beitrag zur praxeologischen Forschung durch die Medien- und Kommunikationswissenschaft neben Medien als Gegenständen die stärkere Ausleuchtung der „subjektiven Seite" von Praktiken sein – ohne sich darin allerdings (wieder) zu verlieren.

Ansatzpunkte für die praxistheoretische Weiterentwicklung des Verhältnisses von Subjekten und Objekten bzw. Menschen und Medien finden sich erneut im Anschluss an die erkenntnistheoretische Grundlegung, in diesem Fall in Martin Heideggers

3.4 Stellung des Subjekts: Praxis als Möglichkeit ...

Sein und Zeit (1927/2001). Der zentrale Akteur ist hier als „Dasein" konzipiert. Dieses Dasein ist immer kulturell, sozial und materiell eingebunden, niemals vereinzelt als denkendes Subjekt (*res cogitans*) einer materiellen Außenwelt (*res extensa*) gegenübergestellt. Das Subjekt in *Sein und Zeit* zeichnet sich vielmehr aus durch „In-der-Welt-Sein" und damit u. a. „Geworfenheit" (Leben in einer konkreten Welt), „Mit-Sein" (Sozialität), den Umgang mit „zuhandenem Zeug" (in Praktiken verwobene Objekte und Dinge) und den Modus der „Uneigentlichkeit" (routinehafter Alltag). Es geht zumeist in diesen alltäglichen Routinen auf – und das hat Konsequenzen für Erfahrungen, für Selbstbestimmung und Selbstbewusstsein und auch für den Umgang mit Dingen. Im routinehaften Alltag leben Subjekte im Modus der „Uneigentlichkeit" und handeln so, wie „man" handeln sollte und es regelmäßig tut. Entsprechend benutzt „man" auch das technische (Werk-)Zeug gemäß dessen Funktionen und Verwendungsweisen.

Diese grundlegenden Beschreibungen von Subjekt, Objekt und Welt, Handeln, Verhalten und Technik, Heidegger nennt sie „Existenzialien", gehen allerdings nicht in den Kategorien Ordnung, Stabilität und Reproduktion auf, sondern haben auch einen Krisenmodus. Wenn das Dasein der eigenen Endlichkeit gewahr wird, die technischen Objekte ihre Funktionen nicht erfüllen und die Routinen gestört sind, wechselt auch die Qualität der Wahrnehmung, des Selbst- und Weltbezugs. In Heideggers eigenen Worten: Das „uneigentliche Man" wird zu selbstbestimmter „Eigentlichkeit", die „Zuhandenheit" von „Zeugs" wird gebrochen und Artefakte erscheinen als „Vorhandenheit", d. h. ihre sonst allzu sehr verdeckten technischen Eigenschaften und Funktionen werden wahrgenommen – nicht zuletzt sei auch der Umgang mit den Mitmenschen ein anderer, nämlich „fürsorglicher" (diese Schlussfolgerung befremdet angesichts Heideggers nationalsozialistischem Engagement und seinen antisemitischen Äußerungen). Alltagsbrüche, gestörte Praxiszusammenhänge und Krisen erzeugen Momente des Innehaltens – der Praxis als sonst kaum hinterfragter Vollzugswirklichkeit, und der darin verstrickten Subjekte, die sich ihrer Position (partiell) gewahr werden (können). Diese Grundspannung lässt sich nicht nur sozialtheoretisch nutzen, sondern, wie wir im fünften Kapitel zeigen werden, auch in empirische Analysestrategien übersetzen.

Medien in praxistheoretischer Perspektive 4

Bis hierhin haben wir uns darauf konzentriert, praxistheoretisches Denken sozialtheoretisch zu verorten. Im nächsten Schritt geht es darum, diese disziplinübergreifende Betrachtung auf Konzepte von Medien und Medienkommunikation zu übertragen. Hierfür können wir an vorliegende Argumentationen anknüpfen.

Zu den wichtigsten kommunikationswissenschaftlichen Ansätzen, die explizit auf Praxistheorien rekurrieren, zählen die Überlegungen von Nick Couldry (2004, 2012). Für ihn richtet die praxistheoretische Analyse den Blick weder auf klar abgrenzbare Medieneffekte noch auf politische und ökonomische Determinanten der Medienherstellung (ausführlich vgl. Pentzold 2016, S. 72–73). Statt die Zusammenhänge zwischen Form und Inhalt von Medientexten, Mustern des Medienkonsums und individuellen Einstellungs- oder Handlungsänderungen funktional zu erklären, fragt er (2004, S. 118): „What types of things do people do in relation to media? And what types of things do people say in relation to media?" So gebraucht er den Verweis auf Praxistheorien dazu, die strukturellen Dimensionen von Medien als diskursive Texte, als Technologien und als Organisationen sowie das Erzeugen, Verbreiten, Rezipieren und Aneignen medienvermittelter Kommunikation ausgehend von beobachtbaren Handlungsmustern zu verstehen: „media", fasst er zusammen, „are best understood as a vast domain of practices" (2012, S. 44).

Udo Göttlich (2010, S. 29) fasst Medien als „Durchgangspunkte sozialer Praktiken". Zusammengenommen verdeutlichen beide Formulierungen prägnant den Doppelcharakter von Medien als Träger von Praktiken, die zugleich von Praktiken getragen und gemacht werden.

Im Verlauf von Mediatisierungsprozessen haben sich medienvermittelte Kommunikationsformen vervielfältigt, sind Medien verschiedentlich in den Alltag eingedrungen und haben in der Gegenwart schließlich eine grundlegende Orientierungsfunktion für die alltägliche Lebensführung erlangt (Krotz 2001; Lundby 2014). Im „Alltag der Mediatisierung" (Göttlich 2010, S. 23) sind Medien für das Sozialgeschehen zentral, nicht nur weil sie Botschaften transportieren, sondern weil sie das Entstehen und Tradieren der Mehrheit heutiger Praxisformen bedingen. Deren Analyse sollte folglich, so Göttlich (2010, S. 30), das Verhältnis zwischen dem kreativen Schaffen neuer Praktiken und deren routinisierter Reproduktion sowie die dabei involvierten Medienartefakte berücksichtigen (vgl. auch Postill 2010).

Mit anderen Schwerpunkten diskutiert Johannes Raabe (2008, 2009) den kommunikationswissenschaftlichen Ertrag einer praxistheoretischen Perspektive. Kommunikation als soziale Praxis verstanden impliziert demnach, sie weder als Informationsvermittlung noch als Ausdruck rationalen Abwägens zu sehen. Zu studieren sind kommunikative Vermittlungs- und Verständigungsvorgänge gerade im Zusammenspiel von Gewohnheitsbildung und dazu notwendigen kommunikativen Kompetenzen und Reflexionsschleifen, die Verstehen rekursiv herstellen. Analog zur Überlegung von Couldry, die Totalität praktischer Vollzugswirklichkeit auf separate Praktiken zurückzuführen, fordert Raabe (2008, S. 374–375), Kommunikationspraktiken und damit verbundene handlungspraktische Fertigkeiten, Deutungs- und Wahrnehmungsmuster zu identifizieren, durch deren Verkettung sich gesellschaftliche Handlungssphären konstituieren, wie etwa durch Praktiken der Public Relations, des Journalismus, des Gaming oder Crowdsourcing.

Diese Kommunikationspraktiken sind, so Robert T. Craig (2005, S. 38), wiederum Gegenstand meta-kommunikativer Praktiken, in denen ihre Bedingungen und Konsequenzen reflektiert werden. Als solche bildeten sie die akademische Disziplin der Kommunikationswissenschaft, so wie die Politikwissenschaft die Praktiken der Politik oder die Literaturwissenschaft literarische Praktiken zum Gegenstand hätten.

Medien sind in dieser rekursiven und relationalen praxistheoretischen Perspektive mehr als fixe Gerätschaften und technische Vorgänge. So wie es Konzeptionen von „liquid media" (Deuze 2007) oder „Medien als Prozessen" (Hepp 2021) mit je unterschiedlichen Schwerpunkten bereits anzeigen, werden Medien stattdessen als zeitlich und räumlich variierende Ensembles von Praktiken verstanden, mit technologischen, institutionellen, organisationalen und diskursiven Strukturmomenten. Von anderen Artefakten unterscheiden sich Medien dahingehend, dass die damit verknüpften Praktiken zuerst kommunikative Praktiken sind, Medien also regelmäßig im Umgang mit Zeichen in kommunikativer Absicht gebraucht werden, ohne dass sich ihre kulturelle Signifikanz – gerade mit Blick auf Mediatisierungsprozesse – darin erschöpft.

Die entsprechende praxistheoretisch orientierte Bestimmung der medialen Ensembles kommunikativer Praktiken kann Nick Couldrys (2012, S. 44) Aufforderung folgen, Medien ausgehend von medienbezogenen Aktivitäten zu verstehen. Dieses weite Verständnis geht daher über Interaktionen in kommunikativer Absicht hinaus und umfasst sämtliche auf Medien gerichtete, von Medien geprägte bzw. im weitesten Sinne medial disponierte Aktionen. In der Konsequenz fallen darunter, worauf Jutta Röser (2007, Anm. 1) hinweist, zunächst die „Kommunikationspraktiken im Alltag" und die „Medienrezeption in ihrer situativen und sozialen Kontextuierung". Darüber hinaus aber zählt zum Medienhandeln auch der weite Kreis an Routinen alltäglicher, als selbstverständlich erlebter Lebensführung (Thomas und Krotz 2008, S. 34), in deren Vollzug Medien zentrale Handlungs- und Deutungsmittel sind (Morley 2000, S. 86).

Empirisch ist folglich zu prüfen, inwiefern Lebenswelten durch benennbare Praktiken in Bezug zu medialen Formen und Funktionen gebracht werden (Kubitschko und Knapp 2012; Pink und Leder-Mackley 2013, S. 682). Konsequenterweise sind die Funktionen von Medien nicht begrenzt als Mittel zum Wahrnehmen, Verständigen und Verbreiten, weil sie mediatisierte soziale Praxis in ihrer Vielfalt möglich machen und prägen. In diesem Punkt ähnlich führt Andreas Hepp (2013) aus: „Als verdinglichte und institutionalisierte Gefüge einer Vielzahl von (Kommunikations-)Handlungen sind Medien in Geflechten von Praktiken ‚wirkmächtig', hier nicht verstanden als Kausalität oder als eigene Handlungsfähigkeit, sondern als eine Wirkmacht des Beeinflussens von Handlungen" (S. 55). Eine ähnlich gelagerte, bislang nur in Ansätzen kommunikations- und medientheoretisch eingenommene Perspektive auf die Konnektivitäten zwischen Medien, Akteuren, Praxis und Objekten bietet die aus der ANT abgeleitete „Akteur-Medien-Theorie" (Schüttpelz 2013; Passoth und Wieser 2012).

Angewandt auf den kommunikationswissenschaftlich prominenten Medienbegriff von Ulrich Saxer (1999), der Medien definiert als „komplexe institutionalisierte Systeme um organisierte Kommunikationskanäle von spezifischem Leistungsvermögen" (S. 5 f.), bedeutet die praxistheoretische Perspektive, dass Medien jeweils als spezifische Ensembles institutioneller, materiell-technologischer, organisationaler und diskursiver Strukturmomente begriffen werden. Der Begriff des „Ensemble" verweist dabei, wie Leah Lievrouw und Sonia Livingstone (2006) vorschlagen, auf die „dynamic links and interdependencies among artefacts, practices and social arrangements" (S. 3). Mediale Ensembles aus Institutionen, Technologien, Organisationen und Inhalten werden so gesehen im Vollzug des Medienhandelns beständig hervorgebracht, gedeutet, angeeignet, stabilisiert und modifiziert und ordnen rückwirkend wiederum das Medienhandeln in seinen Abläufen, Bedingungen und Konsequenzen.

4.1 Medien als Institutionen

Hinsichtlich der Ordnungsleistung von Medien sind Praxistheorien gegenüber starken Institutionenverständnissen skeptisch, weil diese das, was praktisch erst verstanden und erfasst werden

4.1 Medien als Institutionen

soll, bereits als normative, primär über Regeln und Regelungen definierte Erklärungsgrundlage setzen. Starke Institutionenverständnisse verhindern gewissermaßen den Blick auf die „mangle of practice" (Pickering 1995).

Aus praxistheoretischer Sicht überzeugt demgegenüber der Institutionenbegriff des soziologischen Neo-Institutionalismus, der diese als „multifaceted, durable, social structures, made up of symbolic elements, social activities, and material resources" (Scott 2001, S. 49) begreift. Das institutionelle Ordnen von Handlungsabläufen gründet hierbei in Prozessen, die auf drei Ebenen in Bewegung gesetzt werden können und als regulative, normative und kognitiv-symbolische Dimensionen unterschiedlich gestaltbare „three pillars of institutions" (Scott 2001, S. 51) bilden. Folglich können Medien das Medienhandeln in zeitlicher Perspektive dauerhaft, in sozialer Hinsicht verbindlich und in sachlicher Hinsicht maßgeblich ordnen. Medien wirken also, so legt Patrick Donges (2006), S. 568) ihren dreifachen institutionellen Status aus, regulierend durch das Strukturieren von Handlungsverläufen, normierend durch das Schaffen wechselseitiger Erwartungssicherheit und konstitutiv als sinn- und bedeutungsgenerierende Agenten (Kiefer 2010).

Aus praxistheoretischer Sicht ist hierbei zu betonen, dass die drei institutionellen Dimensionen von Medien nicht per se vorhanden sind, sondern im praktischen Vollzug, wenn „habitualisierte Handlungen durch Typen von Handelnden reziprok typisiert werden" (Berger und Luckmann 1966/2004, S. 58), zustande kommen. Konkret bedeutet dies, dass Institutionen selbst Formen der Praxis sind, die handlungspraktisch wirksam werden, „wenn sich Akteure an relativ dauerhaften, sozial legitimierten Regelmäßigkeiten orientieren, die eine gesellschaftliche Geltung beanspruchen" (Florian 2008, S. 148; vgl. auch Giddens 1997, S. 69). Praxistheoretisch interessant sind also sowohl die Vorgänge institutioneller Reproduktion und Persistenz als auch die Prozesse des Schaffens und Modifizierens der institutionellen Dimensionen von Medien, die weder nur als punktuell-sprunghafte Ereignisse noch allein als inkrementelles Adaptieren stattfinden. In diesem Sinn stellt das Konzept des institutionellen Arbeitens als „practical actions through which institutions are created, maintained, and disrupted" (Lawrence et al. 2009, S. 1) ein Verständnis institutionell geordneten und zugleich Institutionen gestaltenden Handelns vor, „one that avoids depicting actors either as ‚cultural dopes' trapped by institutional arrangements, or as hypermuscular institutional entrepreneurs" (Lawrence et al. 2009; vgl. auch Sandhu 2015). Akteure agieren in diesem Sinn nicht außerhalb institutioneller Kontexte, sondern ihr Handeln und ihre Fähigkeit zum kompetenten Eintreten in Praktiken sind immer schon institutionell ‚eingebettet' (Jepperson 1991, S. 149).

Praxistheoretisch verstanden findet damit das institutionelle Arbeiten an den medienfundierten präskriptiven Müssens-Setzungen, normativen Sollens-Vorgaben sowie symbolisch-kognitiv fundierten Könnens-Einschätzungen und Wollens-Überzeugungen in immer schon institutionell geordnetem Medienhandeln statt. Umfassender als Konzepte der Medienregulierung und Mediengovernance, welche vor allem die gezielte Gestaltung von Medienorganisationen und massenmedialer Kommunikation erfassen (Puppis 2010, S. 60), eint diese Formen medienbezogenen institutionelle Arbeitens ihr institutionenbezogener „Gestaltungsimpetus" (Schimank 2007, S. 27).

In der Konsequenz ist die Aufmerksamkeit einerseits auf geglücktes und gescheitertes Gestalten medialer Ordnungsrahmen in Relation zu den einzelnen Formen des Medienhandelns zu richten. Diese lassen sich als prekäre Operationen des koordinierenden „Ordnens" sozialer Praxis verstehen, die zur Bewältigung von Interdependenzen und zum Umgang mit intendierten und transintentionalen Effekten des Interagierens dienen (Law 1993; Schimank 2007, S. 34). Andererseits werden aus praxistheoretischer Sicht besonders die Freiheitsgrade, Spielräume und (zumindest partiellen) Distanzierungschancen von Handlungsroutinen interessant, wie sie sich mit den Ambivalenzen, Widersprüchen und Überlagerungen in bzw. zwischen institutionellen Aspekten eines Mediums als auch zwischen Medien ergeben (Oliver 1992; Zucker 1977).

4.2 Medien als Technologien und Infrastrukturen

Um Botschaften äußern und wahrnehmen zu können, müssen die dazu gebrauchten Zeichen eine materiale Form haben und technisch distribuiert werden. Gebunden ist Kommunikation zudem an die Materialität der Wahrnehmungsorgane und den materialen Aufbau der Medientechnologien, von Schreib- und Druckmedien bis zu elektronischen und digitalen, vernetzten Medien. Unter den Bedingungen der Massenmedien im 20. Jahrhundert wurden Fragen der Infrastrukturentwicklung und der materialen Verfasstheit von Medien als Geräten auf der einen Seite sowie Fragen nach den Praktiken ihrer Nutzung und Aneignung auf der anderen Seite in weitestgehend getrennten Forschungsbereichen verhandelt, etwa in der Technik- und Rundfunkgeschichte. Was schon damals Anlass zur Kritik war und in den Cultural Studies zur Ausdifferenzierung und Operationalisierung von Modellen kultureller Kreisläufe (du Gay et al. 1996) führte, ließ sich mit einer langwährenden, weitgehenden Konstanz bzw. zumindest Äquivalenz von Technologie (z. B. der Rundfunkübertragung) noch rechtfertigen. Spätestens unter den Bedingungen digitaler Infrastrukturen und Plattformen wird diese Arbeitsteilung jedoch obsolet, weil variable und volatile „practices of infrastructuring" integral verkoppelt sind mit dem differenziellen Ausspielen und Sichtbarmachen von Inhalten und der Erzeugung von Öffentlichkeiten (Korn et al. 2019b). Medien schreiben sich also auch maßgeblich als Technologien und Infrastrukturen in Praktiken ein.

Konzeptuell wurde die „Materialisierung" der Medientheorie bereits von der Mediumstheorie vorweggenommen. Die technologischen Formen von Medien, ihre Apparaturen, sind komplementär zu den regulativen, normativen und kognitiv-symbolischen Dimensionen. Wie beim regulativen, normativen und kognitiv-symbolischen Konstituieren von Handlungsbedingungen entstehen im Umgang mit Medientechnologien Gelegenheiten des Medienhandelns (Katzenbach 2017). Die materialen Kapazitäten würden dabei, so Theodore Schatzki (2002, S. 211), zumeist unter den Stichworten ‚Möglichkeit' und ‚Begrenzung' gehandelt, so als zerfiele ihr Einfluss in die Optionen machbar vs. nichtmachbar. Dazwischen findet sich allerdings eine ganze Palette an weiteren Möglichkeiten, wie Medientechnologien Medienpraktiken bedingen oder, etwas umständlicher ausgedrückt, präfigurieren, also in ihren Möglichkeitsbedingungen beeinflussen.

Vertiefen lässt sich die praxistheoretische Perspektiverweiterung des wechselseitigen Bedingens und Formens von Medienhandeln und institutioneller Ensembles mit dem Konzept der *affordances* bzw. Affordanzen, wie es insbesondere in der techniksoziologischen Diskussion rezipiert wurde (Gibson 1982). Affordanzen von Artefakten sind die „possibilities that they offer for action" (Hutchby 2001, S. 447) bzw. ihre „Gebrauchsgewährleistungen" (Schmidt 2012, S. 63). Anders als im ursprünglich wahrnehmungspsychologischen Konzept angedacht, braucht der funktionale Angebotscharakter einer Medientechnologie indessen nicht invariant zu sein und muss nicht in jedem Fall unproblematisch direkt erfasst werden (Rappert 2003; Zillien 2008). Praxistheoretisch verstanden gründen Affordanzen von Medientechnologien demgegenüber in ihrem (im-)materialen Aufbau, ihrer Relationierung in Arrangements und ihrem praktischen Gebrauch samt daran geknüpfter Vorhaben, Bedürfnisse, Fertigkeiten und Handlungssituationen.

Mediale Gebrauchseigenschaften werden auf diesem Weg als „mutual shaping" (Boczkowski 2004, S. 263) von medialen Technologien und medienbezogener Praxis instantiiert und, wenn der Umgang mit ihnen eine reflexive Stufe erreicht, können verhandelt und explizit gesetzt werden. Ihre Gestaltung verweist zwar häufig auf vorgesehene und geplante (Vorzugs-)Nutzungsmuster, die von ihnen stimuliert, angeleitet oder verunmöglicht werden sollen, doch aktualisiert sich das Repertoire potenzieller „Prägekräfte" (Hepp 2013, S. 55) erst im handlungspraktischen Umgang mit den Medientechnologien als „technologies-in-practice" (Orlikowski 2000, S. 407; vgl. auch Bloomfield et al. 2010). Bestimmte (Vorzugs-)Nutzungsmuster sind also in materiell-technologischen Gegebenheiten angelegt. Ob und auf welche Weise sie aber realisiert werden, ist nicht abschließend festzulegen, sondern ergibt sich aus dem Ineinander, der

4.2 Medien als Technologien und Infrastrukturen

„imbrication" wie Paul M. Leonardi (2012, S. 36) schreibt, von technologischen Bedingungen und sozialem Handeln.

Bei aller Beliebtheit des Konzepts der Affordanzen ist es für eine praxistheoretische Herangehensweise bislang zu begrenzt, zerfällt doch seine Unterscheidung letztlich in die beiden Optionen Ermöglichung vs. Beschränkung (Nagy und Neff 2015; Rappert 2003). Zudem bleibt es implizit noch immer einem Verständnis von Affordanzen als mit den Augen erkennbare, rational abzuwägende Ermöglichungsstrukturen verhaftete, die vor dem eigentlichen Tun erfassbar wären (McVeigh-Schultz und Baym 2015). Bestes Beispiel sind die Checklisten, mittels derer Affordanzen von Plattformen, etwa Sichtbarkeit, Editierbarkeit oder dauerhafte Verfügbarkeit, bestimmt werden (Evans et al. 2017; Treem und Leonardi 2013). Dagegen steht die praxeologische Einsicht, dass Affordanzen vielfältig sind und sich erst in der Vollzugswirklichkeit praktischen Tuns und in Abhängigkeit technologischer Kapazitäten, Handlungsfertigkeiten und situationaler Anforderungen ergeben. Die Nominalisierung des englischen Verbs *to afford* führt dagegen in die Irre, suggeriert sie doch, dass Affordanzen eine dingliche Eigenschaft wären (Pentzold und Bischof 2019).

Entsprechend stellt sich nicht so sehr die Frage, was die Affordanzen einer Plattform sind, sondern zum Beispiel, für wen sie sich ergeben oder zu welchem Zeitpunkt sie verfügbar sind. Um das Vorstellungs- und Begriffsvermögen zu erweitern, wie eine dementsprechende Präfiguration von Praktiken erfolgen kann, macht Theodore Schatzki (2002) folgende Aufstellung: „the mesh of practices and orders makes courses of action easier, harder, or simpler more complicated, shorter, longer, ill-advised, promising of ruin, promising of gain, disruptive, facilitating, obligatory or proscribed, acceptable or unacceptable, more or less relevant, riskier or safer, more or less feasible, more or less likely to induce ridicule or approbation—as well as physically possible or impossible and feasible or unfeasible" (S. 225 f.). Was hiervon nun aber praktisch der Fall ist, kann nicht im Vorhinein bestimmt werden, sondern ergibt sich erst im handelnden Bezug auf technologische Angebote.

In eine solche Richtung weist etwa die Studie von Alice Mattoni und Emiliano Treré (2014), in der sie die Medienpraktiken von studentischen Protestbewegungen in Italien 2008 untersuchten. Dabei fanden sie eine differenzierte Nutzung der verfügbaren online-medialen Angebote, von Mailinglisten und Blogs bis hin zu Facebook und Twitter, auf welche die Protestierenden nicht nur für unterschiedliche Zwecke zurückgriffen, sondern die je nach Akteurskonstellation verschiedene Beteiligungs-, Benachrichtigungs- und Mobilisierungspotenziale entfalteten. Mit dem Schwerpunkt auf dem einander bedingenden Wandel von medienbezogenen Tätigkeiten und medialen Infrastrukturen diskutiert Pablo Boczkowski (1999) dieses wechselseitige gestaltende Einwirken als *mutual shaping*, das zum Beispiel Ignacio Siles (2012) dann für Weblogs nachzeichnet. Dabei erwachsen Affordanzen nicht nur aus dem Umgang mit den technologischen Einrichtungen und funktionalen Einstellungen von Medien, sondern ebenso aus den von ihnen vermittelten Inhalten (Siles und Boczkowski 2012).

Medien lassen sich weiterhin als Infrastrukturen verstehen, deren Pflege und Bestand (z. B. In-Stand-Haltung, Aktualisierung) sowie Entwicklung (z. B. Updates, Verkürzung von Innovationszyklen) in konkreten Praktiken verwirklicht werden. Auch dieses Verständnis beruht im Kern auf der Relationalität von Praktiken und Technologien bzw. Menschen und Medien. Susan Leigh Star und Karen Ruhleder (1996) bringen dies in ihrem ökologischen, sozialphänomenologischen Ansatz auf den Punkt, wenn sie statt Was ist eine Infrastruktur? fragen „When is an infrastructure?" (Star und Ruhleder 1996, S. 111). Demnach be- und entstehen Infrastrukturen nur „in relation to organized practices", weshalb sie folglich analytisch „only as a relational property, not as a thing stripped of use" (S. 113) beschreibbar sind. Charakteristisch für dieses Verständnis von Infrastrukturen sind u. a. ihre Eingebundenheit in soziale Arrangements und weitere Technologien; ihre Transparenz bzw. Unsichtbarkeit im Sinne ihrer selbstverständlichen und unhinterfragten Bedeutung für Alltagsroutinen; sowie ihre Bedeutung für die Ausbildung von Konventionen, die eine Vielzahl von weiteren Praktiken regulieren, wie z. B. Elektrizität für Arbeitsrhythmen oder Straßen für Mobilität. Jean-Christoph

Plantin und Kollegen (2018) haben sich dieses Verständnis zunutze gemacht und anhand der genannten Kriterien nachgezeichnet, wie sich die Entwicklung und Bedeutung digitaler Medienprodukte von Facebook und Google als soziotechnische Infrastrukturpraktiken beschreiben lassen.

4.3 Medien als Organisationen

Eine Möglichkeit, Medien als Organisationen praxistheoretisch zu erfassen, kann am neo-institutionalistischen Verständnis von Organisationen ansetzen. Dort werden sie als lose gekoppelte soziale Gebilde von Akteur:innen, Handlungsmitteln und materialen Settings verstanden, die mittels institutioneller Bezüge ihre Struktur und Ausrichtung konstituieren und die ihre Handlungsberechtigung im Verhältnis zu (häufig selbst medienvermittelten) institutionalisierten Ansprüchen an die Organisation als Ganzes und ihre einzelnen Elemente zu legitimieren versuchen (Donges 2006, S. 570 ff.). Damit, so schlägt es der ‚organisation-as-institution'-Ansatz vor, reifizieren sie Institutionen (Meyer und Jepperson 2000; Zucker 1977). Medien als Organisationen werden sozusagen zu Phänomenen zweiter Ordnung, die auf Regeln, Normen, Wissensordnungen, materialen Gegebenheiten und Praxisformen, insbesondere kommunikativen Praktiken, durch Zwang, normativen Druck oder Imitation von *good practices* gleichsam aufsitzen und erst nachträglich als kollektive Akteure und dauerhaft strukturierte Phänomene ‚ausgeflaggt' werden (DiMaggio und Powell 1983).

Entsprechend ist die Unterscheidung von Medien als Institutionen und Medien als Organisationen wiederum vor allem eine der Forschungsperspektive. Geht es bei Institutionen um die Ergebnisse von Institutionalisierungsprozessen, liegt der Blick bei Organisationen auf dem Prozess des Organisierens selbst. So verlangt Karl Weick (1985, S. 133 ff.), vornehmlich Praktiken des ‚organizing' als prozesshaftes Verfertigen abgestimmter und orientierter Beziehungen zunächst disparater Einheiten zu untersuchen, statt die ‚organization' als stabil gegebenes Faktum vorab zu setzen. Der umgekehrte Weg, Organisationen enger zu definieren, etwa als strukturierten Interaktionszusammenhang mit klaren Grenzen, interner Struktur und zielgerichtetem Handeln, verstelle dagegen den Blick auf die wechselseitigen Bezugnahmen von Organisationen und ihren vielfältigen institutionellen Umwelten sowie den sich dabei entwickelnden Differenzierungs- und Homogenisierungsdynamiken.

Eine weitere praxistheoretisch plausibel Möglichkeit stellt die „communication as constitutive"-Perspektive dar. Unter anderen in Anlehnung an Anthony Giddens' Strukturationstheorie und der Sprechakttheorie wird argumentiert, dass Organisationen primär durch kommunikative Ereignisse konstituiert werden. Alle organisationalen Einheiten und Aspekte wie Führung, Strategien und Machtbeziehungen emergierten dabei letztlich aus Konversationen (Putnam und Nicotera 2009; Schoeneborn 2013, S. 98; Taylor et al. 1996). Medien als Organisationen werden so betrachtet zu „ongoing and precarious accomplishments realized, experienced, and identified primarily – if not exclusively – *in* communication processes" (Cooren et al. 2011, S. 1150, Herv. i. O.). Auch das Stabilisieren und Verstetigen dieser so entstehenden organisationalen Formen findet kommunikativ statt, wenn die „textual agency" (Cooren 2004, S. 373) zeichenhaft niedergelegter Kommunikation dazu eingesetzt wird, Entscheidungen zu fixieren, den Status von Akteuren, Objekten und deren Relationen untereinander festzuschreiben, Tätigkeiten über zeitliche und räumliche Distanz ‚gesatzt' zu regeln, zu delegieren und so die Organisation zu festigen.

Sich auf die „achieved nature" (Suchman et al. 2002, S. 164) von Medien als Organisationen zu konzentrieren, heißt praxistheoretisch betrachtet demnach vor allem, die Bezüge zwischen dem zeitlich-situativen Bewerkstelligen der einzelnen organisationalen Aspekte und dem strategisch-gestalterischen Bemühen um ihr Verstetigen zu studieren. Statt Vorgänge des Organisierens der Organisation als Einheit vorzuziehen, ist so gerade das rekursive Konstituieren dieses „practice-arrangement bundle" (Schatzki 2005, S. 472) zu erklären. Ebenso unnötig wird dann die Präferenz für kommunikative Praktiken als basale Instanz von (Medien-)Organisationen, weil vielmehr die koextensiven Bedingungsverhältnisse von konstitutivem Medienhandeln, Partizipand:innen und institutionellen Handlungsmitteln zu erfassen sind. Die so für eine Medienorganisation effektiven operativen Verkettungen und Verstetigungen sind somit als mögliche Version der konformen Ausrichtung auf institutionell legitimierte Tätigkeiten, Weisungsbefugnisse, Hierarchien, Ziele und Bezugsgruppen zu studieren, die gegen andere, potenziell divergente institutionelle Anforderungen durchgesetzt wurden (Oliver 1992; Suchman 1995). Die Rationalität von Medienorganisationen wird dann zur kontextabhängigen Praxisform im gesellschaftlichen Bereich betrieblicher Organisationen in Wettbewerbsmärkten, in denen Rationalität, oft in Verbindung mit dem Gebot der Nutzenmaximierung, als gegenseitig erwartbarer Operationsmodus aktualisiert wird (Cabantous et al. 2010; Meyer und Rowan 1977).

4.4 Medien als Diskurse

Medien als Diskurse zu beschreiben, wendet schließlich den Fokus auf das „doing' der Bedeutungsproduktion" (Hepp 2013, S. 10). Die diskursiven Praktiken sind „Praktiken der Repräsentation" (Reckwitz 2008b, S. 203), in denen soziale Wirklichkeit auf geordnete und regulierte Weise dargestellt und sinnhaft konstituiert wird. Jegliche Art des Produzierens, Verbreitens und Rezipierens von Zeichen kann folglich als diskursive Praktik in den Blick genommen werden, die auf die Artikulation von Sachverhalten fokussiert. Repräsentation meint demnach nicht die (adäquate) Darstellung einer vorgängigen Wirklichkeit, sondern die diskursive Erzeugung einer Darstellung mit Wirklichkeitsanspruch, die Wahrheiten als geltendes Wissen und Selbstverständlichkeiten, also kollektive Wissensordnungen, erzeugen (Keller 2011). Auf diesem Weg generieren Diskurse Orientierungs- und Ordnungskontexte für ihre Hervorbringung und für den Vollzug anderer Praktiken.

Mit Michel Foucault lässt sich daher festhalten, dass Diskurse „systematisch die Gegenstände bilden, von denen sie sprechen" (1973, S. 74).

Jede diskursive Praktik, so Stuart Halls (1997, S. 44) Lesart von Foucault, „'rules in' certain ways of talking about a topic, defining an acceptable and intelligible way to talk, write or conduct oneself", während sie, so Hall weiter „'rules out', limits, and restricts other ways of talking, or conducting ourselves in relation to the topic or constructing knowledge about it." Das bedeutet, diskursive Praktiken als ‚epistemische' Praktiken lassen Begriffe, Sprechende, Objekte und Handlungsweisen in einer bestimmten Form explizierbaren Wissens hervortreten und setzen sie in Beziehung. Wenn Anthony Giddens (1997, S. 36) vom ‚diskursiven Bewußtsein' im Gegensatz zum ‚praktischen Bewußtsein' spricht, dann verweist er auf diese Reflexion einzelner Handlungsweisen und ihrer jeweiligen Arrangements.

Konsequenterweise interessieren dann insbesondere reflexive Reaktionen, etwa im Falle, der Vollzug von Praktiken ist gestört, Technologien funktionieren nicht wie erwartet, Handlungsweisen müssen erlernt werden oder die Legitimität von Institutionen steht in Frage, und die damit angestoßenen diskursiven Artikulierungen über die entsprechend zu verstehenden und zu ordnenden soziomateriellen Zusammenhänge (Diaz-Bone 2010, S. 123).

Am Beispiel des Verständnisses von Medien als Diskursen lässt sich auch zeigen, wie die in diesem Kapitel angeführten Dimensionen des Medienbegriffs miteinander verwoben sind. Exemplarisch lässt sich hierfür das Konzept der „sozio-technical imaginaries" (Jasanoff und Kim 2009; Jasanoff 2015) heranziehen. Im Zentrum stehen dabei mediale Diskurse, die kollektiv geteilte Werte und Normen, Vorstellungen von Ordnung und Visionen des Sozialen, mit wissenschaftlichen und technologischen Projekten verbinden (Jasanoff und Kim 2009, S. 120). Die Entwicklung und Verbreitung von Medien als Technologien und Infrastrukturen werden in diesen Analysen als Teil von „material, moral, and social landscapes" (Jasanoff 2015, S. 3) angesehen, deren gesellschaftliche Verbreitung, im Kontrast beispielsweise zu den Science and Technology Studies oder der ANT, vorrangig an die diskursiven „aspirational and normative dimensions of social order" (Jasanoff 2015, S. 5) gebunden sind. Eine Reihe von Studien, z. B. Gillespie (2010) für Plattformen, Sadowski und Bendor (2019) für Smarte Technologien oder Bareis und Katzenbach (2021) für AI, konnte in diesem Zusammenhang nicht nur herausarbeiten, dass die Verbreitung von Technologien eng mit ihrer diskursiven Rahmung verbunden ist, sondern auch, dass diese diskursiven Praktiken an ökonomische, rechtliche und politische Machtverhältnisse geknüpft sind.

5 (Medien-)Praktiken sichtbar machen: Orientierung für die empirische Forschung

Praxis als zentrale Kategorie verweigert sich einer distanzierten Beobachterposition, dem Dekontextualisieren von Wissen aus konkreten Situationen, Akteurskonstellationen, Relevanzrahmen und technischen Settings. Praktiken zu analysieren bedeutet sowohl den Wechsel der analytischen Grundkategorie hin zur Vollzugswirklichkeit des Umgangs mit Medien, ihrem Entstehen, Erhalten und Wandel als auch das Aneignen einer praxissensiblen Forschungshaltung selbst (Schäfer 2016, S. 143–148).

In diesem Kapitel wollen wir Orientierung für die empirische Medien- und Kommunikationsforschung geben. Denn die Verflüssigung von theoretisch gefestigten Grundkategorien wie Subjekt und Struktur hinterlässt eine Lücke, die allein durch Plädoyers für relationale und rekursive Konzepte und Forschungsstrategien noch nicht geschlossen ist. Orientierung ist schon deshalb nötig, weil Subjekte und Strukturen als „heuristische Schlüsselkonzepte" (Reckwitz 2008b, S. 10) im Zentrum sozialwissenschaftlicher Forschung stehen. Über dieses inhaltliche Argument hinaus lässt sich der praxistheoretischen Diskussion zudem auch insgesamt ein Mangel an empirisch orientierten Darstellungen attestieren.

In einem ersten Schritt plädieren wir dafür, Forschung selbst als Praxiszusammenhang aufzufassen und zu reflektieren. Der holistische Anspruch, der mit einem Verständnis von sozialen Praktiken als Letztbegründung des Sozialen verbunden ist, macht vor medien- und kommunikationswissenschaftlicher Forschung nicht

Halt. Das forschende Subjekt ist nicht weniger in Praktiken eingespannt als es die Menschen in der beobachteten sozialen Praxis sind. Gefordert ist daher eine reflexive Forschungshaltung, die sensibel bleibt für die Konstruktionsarbeit und Syntheseleistung wissenschaftlichen Arbeitens.

Darauf aufbauend skizzieren wir im zweiten Schritt ein Idealbild praxistheoretischer Forschung, wonach Praktiken in ihrem situierten Vollzug zu erfassen und zu beobachten sind. Welche Instrumente empirischer Forschung als praxisnah oder -fern gelten, ist allerdings nicht vorab und unabhängig vom Gegenstand zu bestimmen. So wie es nicht die eine Praxistheorie gibt, gibt es nicht den einen Forschungsweg, der sich als praxistheoretische Benchmark ausweisen ließe. Unsere aus disziplinärer Sicht breite Diskussion praxistheoretischer Ansätze setzen wir auch in empirischer Hinsicht fort und plädieren folglich gegen Methoden-Dogmatismus und für radikale Gegenstandszentrierung. Kommunikationswissenschaft und Medienforschung nehmen dabei selbstverständlich Anleihen aus der Soziologie, Sozialphilosophie und anderen Bereichen, müssen aber auch eigene Wege gehen. Einerseits, weil gerade die Analyse medialer und kommunikativer Praktiken, von Bedeutungsaushandlungen und Sinnstrukturen sich der einfachen Beobachtbarkeit oftmals entzieht. Andererseits, weil die Erforschung digitaler Kommunikations- und Medienpraktiken mit zusätzlichen Herausforderungen einhergeht. Diese sichtbar und empirisch fassbar zu machen, erfordert neben allgemeinen Heuristiken und Suchschemata daher auch Kreativität und Offenheit.

5.1 Forschung als Praxiszusammenhang: Epistemische Praktiken

Vor allem in der Wissenschafts- und Technikforschung liegt ein Augenmerk darauf, das Generieren von wissenschaftlichem Wissen genauso als Praxiszusammenhang zu erforschen wie die Gebräuche und sozialen Ordnungen „fremder" Kulturen. Die klassischen Studien hierzu beschäftigen sich mit dem Hervorbringen naturwissenschaftlichen Wissens durch epistemische

Dinge und Praktiken (Knorr-Cetina 1981/2016). Eine sozialwissenschaftliche Praxisforschung ist gut beraten, die praxeologische Perspektive, die sie auf andere Wissenschaftsfelder wirft, auch auf sich selbst anzuwenden. Praxistheoretisch orientierte Medien- und Kommunikationsforschung erfordert folglich die Reflexion der eigenen Prämissen und Praktiken der Erkenntnisgewinnung (Raabe 2008, S. 375).

Die Ausrichtung auf die Vollzugswirklichkeit ist die wichtigste erkenntnislogische und forschungspragmatische Prämisse, sollen Praktiken die Letztelemente von Sozialität sein. In Anlehnung an Ien Angs (2008, S. 63) in den Cultural Studies vorgebrachter Forderung nach einem „radikalen Kontextualismus" sind Medienpraktiken erst durch das Verknüpfen verschiedener Sinn- und Handlungsebenen ganzheitlich zu erfassen. Dazu gehören die materialen Settings ebenso wie Akteurskonstellationen und Bedeutungszuschreibungen. Das Erkennen dieser Verknüpfungen in der Forschung ist ein konstruktiver Akt und vollzieht sich selbst in Praktiken des Erfassens und Verknüpfens. Wie jedes andere wissenschaftliche Vorgehen steht praxistheoretische Medienforschung daher in der Pflicht, die Syntheseleistungen ihrer eigenen epistemischen Praktiken mitzudenken und zu rechtfertigen. Zentraler Schritt in Pierre Bourdieus (2001) Bemühen, eine praxeologische Untersuchungshaltung jenseits der „scholastischen Vernunft" wissenschaftlicher Erkenntnisproduktion zu formulieren, ist die Übertragung des Praxisgedankens auf wissenschaftliches Arbeiten selbst, indem dessen Bedingungen, Voraussetzungen und vermeintliche Evidenzen reflektiert werden. Dafür ist, erstens, zu prüfen welche disziplinäre Vorbildung, Relevanzsysteme und methodischen Fertigkeiten in die Forschung hineingetragen werden. Zweitens ist einzurechnen, welche Phänomene als zu untersuchende Realität im wissenschaftlichen Tun bedeutsam gesetzt werden und wie, drittens, die von der Praxis ausgehenden Irritationen mitthematisiert und daran analytische Verfahren geschult werden können. In Anlehnung an die wissenssoziologische Differenzierung in Konstruktionen ersten Grades und Konstruktionen zweiten Grades schlagen Mark Dang-Anh et al. (2017, S. 13) vor, „(…) dreierlei Abstufungen in der Analyse vorzunehmen:

1. werden Medienpraktiken durch die Beteiligten *situiert*, d. h. situativ bedeutsam gemacht. Die Analyse von Medienpraktiken richtet sich demzufolge auf die Konstruktionen ersten Grades durch die an Medienpraktiken beteiligten Akteure, Menschen und Medien, sowie die Situativität ihrer Erzeugungen.
2. Medienpraktiken zu *erforschen* bedeutet, Analysen als Konstruktionen zweiten Grades vorzunehmen, d. h. sich die Situationen der Medienpraktiken mit unterschiedlichen ethnografischen und den Situationen der Medien und Praktiken angemessenen Methoden zu eigen zu machen.
3. erfordert dies wiederum, die Forschung selbst als medienpraktisch vollzogen zu verstehen und entsprechend zu *reflektieren*. Medienpraktikenforschung bedeutet insofern die konsequente Auseinandersetzung mit den eigenen Medien und Praktiken der Erkenntnis – wenn man so will, als reflexive Konstruktionen dritten Grades."

Das Analysieren von Alltagspraktiken verlangt also einerseits nach Methoden, die sensibel gegenüber den komplexen sozialen und kulturellen, individuellen und symbolischen Bezügen des Vollzugs von Praktiken sind (Craig 2018). Für die Analyse dieser Alltagspraktiken greift sozialwissenschaftliche Forschung andererseits nicht allein auf Alltagspraktiken, sondern bestimmte epistemische Praktiken zurück, die sich in beschriebener Weise differenzieren bzw. abstufen lassen. Denn der analytische Schritt von der Beschreibung einer Praktik zu einem sozialwissenschaftlichen Befund beinhaltet immer einen „epistemologischen Bruch" (Raabe 2008, S. 372). Diesen gilt es folglich ernst zu nehmen, etwa durch das Reflektieren der eigenen Forschungspraktiken, den Bezug auf die Bindung sozialwissenschaftlicher Forschung an gesellschaftspolitische Ansprüche oder das Explizieren disziplinär verankerter normativer Prinzipien. Methodologisch wird dies beispielsweise anhand einer engen Verzahnung von „Teilnehmer- und Beobachterperspektive" (Alkemeyer und Buschmann 2016) eingefordert. Zudem ergeben sich aus der empirischen Beobachtung von Krisen als Gegenstück zu alltäglichen

Routinen, wie z. B. den Folgen des Versagens technischer Infrastrukturen (Röhl 2019) oder der Bedeutung individueller Alltagsumbrüche für die Mediennutzung (Niemand 2020), Erkenntnismöglichkeiten jenseits des selbstverständlichen und unhinterfragten Normalbetriebs.

5.2 Im Vollzug beobachten: Das praxistheoretische Idealbild

Mit ihrer Betonung der Vollzugsförmigkeit sozialer Wirklichkeit weisen sämtliche Praxistheorien eine Gemeinsamkeit auf. Daraus folgen idealisierte Vorstellungen, die in einem konkreten Untersuchungszusammenhang nicht zwingend bzw. auch generell nie vollständig einzuholen sind, die aber als grundlegende Orientierung praxistheoretischer Forschung einen Fluchtpunkt geben. Diese Ideale sind eng gekoppelt an eine situationistische und performative Programmatik. Die Grundüberzeugung dahinter ist ebenso einfach wie radikal: Alles erklärt, erweist, entsteht, zerfällt in situierter Praxis, in der Performanz der Körper und Dinge, in den Problemen und Widerständen, die praktisch gelöst und erfahren werden. Demnach gibt es auch keine Praktiken außerhalb von Praxis, anders als in „herkömmlichen" soziologischen Erklärungen, wonach gesellschaftliche Strukturen durchaus den Status eigener Entitäten beanspruchen, wenn etwa über Klassen, Schichten oder Milieus gesprochen wird. Bruno Latour (2007, S. 62 ff.) hat für das, was er die „performative Definition" sozialer Aggregate nennt, ein eingängiges Bild: „Wenn ein Tänzer aufhört zu tanzen, ist der Tanz beendet" (Latour 2007, S. 67).

Am pointiertesten vorgetragen wurde diese praxistheoretisch zentrale Einsicht von Harold Garfinkel (ab hier bis zum Ende des Absatzes ähnlich Pentzold 2016, S. 75–76). Die von ihm mitbegründete Ethnomethodologie weigert sich, die Faktizität sozialer Ordnung als etwas anderes zu begreifen als ein kontinuierliches Herstellen der elementaren Prozesse alltäglicher Aktivitäten (Heritage 1984). Auf diese Weise löst sich die vorgebliche

Solidität der „objective reality of social facts" auf und wird stattdessen zu einem „ongoing accomplishment of the concerted activities of daily life" (Garfinkel 1967, S. vii). Als solche verwirklichen die situativen, lokalen Praxisvollzüge die „accountability" (Garfinkel 1967, S. 9) des Alltagslebens, wobei dieser ethnomethodologische Schlüsselbegriff sowohl die Beobachtbarkeit und Mitteilbarkeit als auch die Geordnetheit, Verantwortbarkeit und Erklärbarkeit von Aktionen meint (Bergmann 2005, S. 125 f.). Die Teilnehmenden am Alltagsgeschehen, so Garfinkels Annahme, gebrauchen (Ethno-)Methoden, um ihre Verrichtungen kohärent erkennbar und erklärbar zu machen und so indexikalisch, also reflexiv auf den Kontext und die Situationen ihres Hervorbringens bezogen, Sinn zu generieren und das soziale Geschehen zu ordnen.

Vor diesem Hintergrund ist es kein Zufall, dass Praxistheorie dort, wo sie Praxis*forschung* wird, also nicht allein erkenntnis- oder sozialtheoretisches Gedankenspiel ist, eine Nähe zu methodologischen und methodischen Positionen aufweist, die vergleichsweise voraussetzungsarm „ins Feld" gehen wollen. Erving Goffmans (1977, S. 16) mikrosoziologische Leitfrage „Was geht hier eigentlich vor?" beschreibt daher (weiterhin) gut, wie Praxisforschung sich ihren Gegenständen nähert. Aus ethnomethodologischer und pragmatistischer Sicht markiert Lucy Suchman (1987) den Unterschied zwischen „situated action" und ihrer Repräsentation in den Ideen und Handlungsplänen der beteiligten menschlichen Akteur:innen: „The fact that we can always perform a *post hoc* analysis of situated action that will make it appear to have followed a rational plan says more about the nature of our analyses than it does about our situated actions" (S. 52–53).

Situiertes Handeln ist, solange Routinen und die mit ihnen verbundenen Praktikenkomplexe greifen, wesentlich „transparent" (Suchman 1987, S. 53), d. h. entzieht sich der Reflexion. Folglich haben die an Praxis beteiligten menschlichen Akteur:innen zwar eine Idee davon, was mit und in ihnen vorgeht, sie entwickeln kognitive Modelle ihrer (medialen und nicht-medialen) Lebensführung – all diese Repräsentationen fassen jedoch nur bedingt, was sich praktisch ereignet.

Was ist nun aber dem Rekonstruieren von (bloß) individueller Bedeutungszuschreibung an Praxis entgegenzusetzen? Die Plausibilität des praxeologisch reflektierten Rekonstruierens von Praktiken gründet letztlich auf drei Annahmen (die folgenden drei Abschnitte sind teilw. übernommen aus Pentzold 2016, S. 115–119): dem öffentlichen performativen Ausdruck von Sinnverstehen, dem erkennbar gleichförmigen Praxisvollzug und der Versprachlichung impliziten Wissens durch Beschreiben (Schäfer und Daniel 2015).

Öffentlich sind zunächst die situativ sichtbaren lokalräumlichen Settings, gegenständlichen Einrichtungen sowie Körpermotoriken. Durch *körperliche Bewegungen*, so die erste Annahme, kommen zudem die transsituativen praxisrelevanten Wissensordnungen zum Ausdruck und werden rekonstruierbar (Schmidt 2012, S. 238 f.). Für eine praxistheoretische Handlungserklärung ist Sinnverstehen folglich insofern erschließbar, als es in Körperbewegungen öffentlich ausgedrückt wird und diese damit als intelligible exemplarische Vollzüge einer Praktik angezeigt werden bzw. sich als solche identifizieren lassen (Reckwitz 2000, S. 615; Schatzki 1996, S. 109 f.). In den sozusagen expressiven Körperbewegungen werden somit fortlaufend Laut-, Bild- und Schriftzeichen sowie wortlose Gesten mobilisiert, denen Sinnzuschreibungen vorausgehen bzw. an die sich Zuweisungen von Sinn anschließen.

Das Rekonstruieren von Praktiken und das Erklären ihrer Kollektivität muss zudem, so die zweite Annahme, bei ihrer zeitlichen, räumlichen und überindividuellen *Gleichförmigkeit* ansetzen. Weil das praxistheoretische Vokabular Einblick in eine mental eventuell vorfindliche Kollektivität nicht zulässt, ist laut Reckwitz (2000) eine „erklärungspragmatisch notwendige Annahme" (S. 613) zu treffen: Will man vermeiden, die Feststellung von Gleichförmigkeit an Beobachterkriterien ihrer Ähnlichkeit festzumachen, dann muss davon ausgegangen werden, „daß die Träger der Verhaltensweisen selbst über Kriterien verfügen, die ihnen eine Hervorbringung dieses gleichartigen Verhaltens ermöglichen" (Reckwitz 2000, S. 613). Impliziert wird hier, dass gleichförmige Praktiken auch gleichförmige Wissensordnungen ausdrücken und dass die an einer Praktik Teilnehmenden auch entsprechende Sinnmuster teilen. Indessen weist Schatzki (1996, S. 109 f.) darauf hin, dass Teilnehmer:innen überwiegend Freiheiten im Ausführen von Praktiken haben und daher die Annahme, kollektiv geteiltes Wissen müsse sich in gänzlich gleichförmigen Körperbewegungen ausdrücken, fehl geht. Entscheidend sei vielmehr, dass der jeweilige Vollzug intelligibel und für andere als Exemplar einer Praktik identifizierbar ist. Im Umkehrschluss bedeutet es, dass „behavioral differences [...] express divergent understandings when given performances of the activity are unintelligible to others" (Schatzki 1996, S. 110).

In der rekonstruierenden Analyse benötigt werden „geronnene, fixierte, hin- und herwendbare, immer wieder in objektivierter Form vergegenwärtigbare Daten" (Hitzler und Honer 1997, S. 8). Wenn diese nicht bereits objektiviert vorliegen, dann müssen sie generiert werden. Vergleichsweise unproblematisch ist dabei der Zugang zu den in kommunikativen Praktiken gemachten Äußerungen und den dort explizierten bzw. den dadurch prinzipiell explizierbaren und somit verbal verfügbaren und darüber rekonstruierbaren Wissensordnungen. Indessen stellt sich die Frage, inwiefern teilnehmendes Beobachten nur auf verbale Daten zurückgreifen kann, wenn im Erwerben praktischer Kompetenzen dem sprachlich vermittelten Wissen eine nachgeordnete Rolle zukommt. Im Blick auf Bourdieus diesbezügliche Überlegungen spricht Rainer Diaz-Bone (2010, S. 35) demgemäß sogar von einer „‚Kommunikationstheorie', die ohne Kommunikatoren auskommt", weil sie annehme, homologe dispositionale Habitusformen und damit verknüpfte Sinndeutungen tradierten sich ohne den Umweg ihrer Verbalisierung. Passend dazu wird für die teilnehmende Beobachtung die anhaltende Kopräsenz im untersuchten Praxisfeld sowie das sprachlich explizit und das körperlich gebundene und somit implizit vermittelte Erlernen von Handlungs- und Deutungskompetenzen gefordert (Amann und Hirschauer 1997, S. 20).

Wenn wir die Welt nicht nur praxistheoretisch interpretieren, sondern auch empirisch, also erfahrungsbasiert, erforschen wollen, fordert uns das praxistheoretische Paradigma dazu auf, den Ort des Geschehens aufzusuchen. Hierin spiegelt sich das Erbe der interpretativen Sozialtheorien situationistischer Prägung

5.2 Im Vollzug beobachten: Das praxistheoretische Idealbild

(Mead, Garfinkel, Goffman). Sichtbar werden aber auch Parallelen und Querbezüge etwa zu Judith Butlers (1993) Vorstellung zur Hervorbringung von Geschlecht in Sprech- und Körperakten. Anwesenheit und Partizipation sind aber nur eine Seite teilnehmender Beobachtung, denn die partielle Enkulturation wird begleitet von Distanzierungsschritten, die das Erfahrung-Machen organisieren sollen (Amann und Hirschauer 1997, S. 27). Zur im Befremden angelegten Explikationschance fügt sich dabei der Explikationszwang, „wortweise festzustellen, was es ist, das hier gerade geschieht" (Amann und Hirschauer 1997, S. 28). Die Berechtigung dieses ethnografischen Beschreibens findet Stefan Hirschauer (2001, S. 430) im Problem der „,Schweigsamkeit' des Sozialen", wozu das ethnografische (Be-)Schreiben eine Lösung darstelle. Es kann mit wortlosen Routinen und Arbeitsvollzügen umgehen und bringt, so die dritte Annahme, *praxisrelevantes Können zur Sprache*, das nicht schon sprachlich ausgedrückt ist bzw. nicht von den Praxisteilnehmer:innen verbalisiert werden kann.

Auf Basis dieser Überlegungen ist es wenig überraschend, dass praxistheoretisch orientiertes Forschen in methodischer Sicht eng nicht nur mit qualitativen Methoden verbunden ist, sondern innerhalb dieses Methodenspektrums vor allem beobachtende Verfahren und die *partizipative Ethnografie* als „Königsweg" ausgewiesen werden (Schmidt 2012, S. 226). Das ethnografische Versprechen besteht darin, dass beobachtend mehr und authentischer von situierter Praxis gesehen und nachvollzogen werden kann als z. B. post hoc berichtend. Die „Ko-Präsenz" von Geschehen und Forscher:in bzw. das Dabeisein sichert den „unverstellten", „unmittelbaren" Zugang zur Praxis (z. B. Breidenstein et al. 2020, S. 45–47). Wir setzen das Wort „unmittelbar" in Anführungsstriche, weil natürlich auch dieser Zugang vermittelt ist: durch die Person der Forschenden (die Dinge sieht oder nicht, selektiv Aufmerksamkeit schenkt, disponiert ist durch latente Interessensstrukturen) und durch ihre Forschungswerkzeuge (z. B. Protokolle, Schreiben als nachträgliche Tätigkeit; Fotografie, Video als Formen des Dokumentierens, die eigenen Konventionen und Regeln folgen etc.). In der ethnologischen und soziologischen Ethnografie werden diese Dispositionen unter dem Stichwort „representational crisis" (Clifford 1993) diskutiert. Folgen wir dem situationistischen Impetus, der den meisten heute virulenten Praxistheorien (davon am wenigsten vielleicht Bourdieu) inhärent ist, liegen die Vorzüge von Beobachtung und Partizipation trotzdem auf der Hand.

5.3 Praxisnahe/praxisferne Methoden? Gegenstandsorientierung statt Dogmatismus

Folgen wir der Idealfiktion, Praktiken im Vollzug zu beobachten, lassen sich qualitative und quantitative Methoden schematisch als „eher praxisnah" und „eher praxisfern" darstellen (Abb. 5.1). Wir spielen das in diesem Kapitel zunächst im Rahmen konventioneller Einordnungslogiken durch und zeigen dabei Anknüpfungspunkte für die Forschungstraditionen des Faches auf. In den folgenden Teilen weiten wir dann den Blick, da gerade die medien- und kommunikationswissenschaftliche Praxisforschung sich Methoden-Dogmatismus nicht leisten kann, weil sich das gemeinsame Machen der Menschen und Medien einfacher Beobachtung oft entzieht, erst recht im Kontext digitaler Praktiken. Der Schlüssel liegt, wie wir weiter unten skizzieren, in der Kombination von Perspektiven und Vorgehensweisen. Auch zu Computational Methods bestehen dabei Verbindungen.

An der Spitze des Nachvollzugs von situierter Praxis steht – folgen wir konventionellen Einordnungslogiken – die partizipative Ethnografie, die es erlaubt Körper und Dinge „in Aktion" zu beobachten und zu beschreiben. Andere Methoden wie Kon-

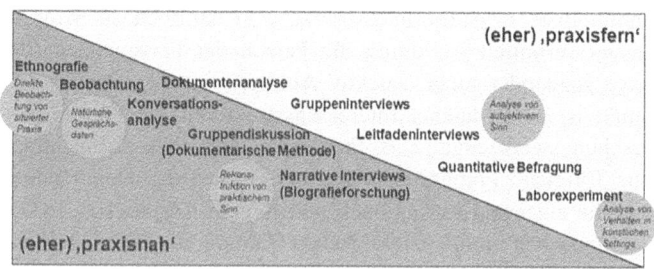

Abb. 5.1 Spektrum praxisnaher und praxisferner Methoden. (Quelle: Eigene Darstellung)

versations- und Dokumentenanalysen beziehen ihre Praxisnähe nicht über Teilnahme, sondern über den Status der analysierten Daten, die als natürliche Gespräche bzw. Situationen ohne Intervention und Vermittlung durch die Forschenden entstanden sind. Neuere linguistische Ansätze übertragen solche sequenziellen und auch diskursanalytischen Vorgehensweisen auf Social Media-Kommunikation. Die Sprachzentrierung der Ansätze bleibt hierbei erhalten, allerdings unter Einbezug digitaler Operatoren wie @-Mentions oder Hashtags als quasi-materielle linguistische Marker (Dang-Anh et al. 2013; Zappavigna 2011). Vor allem die Visuelle Kommunikationsforschung entwickelt zudem Ansätze für multimodale Analysen, die beispielsweise Bild-Text-Beziehungen sowie bildbezogene Interaktionen zum Gegenstand haben (Schreiber 2020). Prinzipiell gilt, dass die Analyse natürlicher Daten ein wichtiger Weg einer praxisnahen Erforschung digitaler Kommunikation ist – nicht zuletzt, weil diese anders als nicht-medial vermittelte (interpersonale) Kommunikation weniger flüchtig ist und in Social Media-Plattformen oft erhalten bleibt. Auch digitale Ethnografie nutzt diese Spuren, die unabhängig von der eigenen Teilnahme an ihrer Entstehung wieder aufgesucht werden können (Postill 2017).

Eine insbesondere in der Soziologie und Erziehungswissenschaft verbreitete Form praxeologischer Forschung besteht zudem in rekonstruktiven Verfahren wie der Dokumentarischen Methode (Bohnsack 2014). Hier ist es weder die eigene Teilnahme an Praxis noch der Status natürlicher Daten (mit Ausnahme der dokumentarischen Bild- und Videointerpretation), die für Praxisnähe stehen, sondern der sich in spezifischen, forschungsinduzierten Gesprächsdynamiken erweisende „soziale Sinn". Diese an Pierre Bourdieu und Karl Mannheim anschließende Verfahrensweise versucht vor allem über Gruppendiskussionen jene Sinn- und Bedeutungsschichten zutage zu fördern, die sich dem reflexiven, „theoretischen" Wissen entziehen. Ihre Stärke liegt also darin, hinter die Rationalisierungen und den subjektiv gemeinten Sinn der Akteur:innen zu schauen und inkorporierte, habituelle, sozialisatorische Bewertungs- und Wissensmuster aufzuzeigen – weshalb rekonstruktive Verfahren häufig als Gegenstück zu qualitativen Interviewformen skizziert werden, die mittels Leitfaden und vergleichsweise starker Gesprächsführung (in der Sicht ihrer Kritiker:innen) auf der Ebene rationalisierter Akteur:innen-Berichte *über* Praxis verbleiben.

Auch in der Kommunikations- und Medienwissenschaft bestehen Traditionen beobachtender, teils auch ethnografischer Forschung (Ayaß 2016; Bachmann und Wittel 2011). An diese genuinen medien- und kommunikationswissenschaftlichen Traditionen können wir anknüpfen, weil sie Orientierungen aktueller praxistheoretischer Forschung partiell vorweggenommen haben, obwohl sie nicht unbedingt als praxistheoretisch ausgewiesen wurden. Das überrascht nicht, da der „practice turn", wie oben ausgeführt, Anfang der 2000er nachträglich ausgerufen wurde und auf eine Vielzahl von Vorläufern – auch in der Medienforschung – zurückgeht (Reckwitz 2003).

Zu nennen sind (1) die in den 1980er-Jahren einsetzende Medienforschung der Cultural Studies, die neben Interviews auch auf Beobachtungen setzte und die Aneignung verschiedener Medien untersuchte (z. B. du Gay et al. 1996; Morley 1992; Winter 1995); (2) damit zusammenhängend, aber eigenständig, die Domestizierungsforschung, in der komplexe Haushalts- und Familienstudien entstanden sind (z. B. Berker et al. 2006; Röser et al. 2018); (3) die stärker im deutschsprachigen Raum beheimatete, teils medienpädagogisch gerahmte Mediensozialisationsforschung (z. B. Paus-Hasebrink und Sinner 2021; Reißmann 2019a); sowie (4) – auf der Seite der Kommunikator:innen die lange Tradition der Newsroom-Ethnografie (z. B. Cottle 2000; Willig 2013) bzw. der Redaktionsbeobachtung in der Journalismusforschung (z. B. Quandt 2005; Vicari 2016). Als Querschnittsdisziplin sind zudem (5) Studien der Organisationskommunikation und PR-Forschung zu nennen, die sich praxisnahe, organisationssoziologische Theoreme zu eigen gemacht haben (z. B. Röttger 2015). Hierbei ist zu bedenken, dass die Organisationssoziologie eine treibende Kraft hinter dem „practice turn" der Nullerjahre war.

Die ethnografische oder beobachtende Kommunikations- und Medienforschung weist – unabhängig, ob sie explizit auf Praxistheorie rekurriert – Schnittmengen mit dieser auf, insofern die Orientierung am Alltag und zumindest partiell auch dem situativen Vollzug prägend sind. In der Traditionslinie qualitativer Forschung zu Medienalltag, Medienhandeln und -aneignung sind häufig Kombinationen aus (primär) interviewbasierter Forschung mit beobachtenden Anteilen zu finden. Das hat historisch auch forschungspragmatische Gründe. Rundfunknutzung fand in der zweiten Hälfte des 20. Jahrhunderts primär im privaten Raum statt; an Orten, die nicht ohne Weiteres und meist auch nicht für längere Zeiträume zugänglich waren. Die in der Cultural-Studies-nahen Forschung entwickelten Vorgehensweisen bauen daher oft auf „akkumulierten ethnografischen Miniaturen" (Bachmann und Wittel 2011, S. 191) oder „medienethnografischen Portraits" (Röser et al. 2018) auf.

Auch für die Gegenwart und Zukunft einer praxistheoretisch orientierten Kommunikations- und Medienforschung plädieren wir für einen undogmatischen Zugriff auf verschiedene Methoden. Wie oben gezeigt, lassen sich diese zwar grob in (eher) praxisferne und -nahe Methoden einteilen. Letztlich ist Praxisorientierung aber stets eine Annäherung an ein Ideal, das nicht erreichbar ist. Gleich mit welchen Mitteln und Instrumenten – das Erschließen von Praxis geht immer mit Ver-Mittlung einher. Statt bestimmte Methoden als per se praxisfern auszuschließen, ist es hilfreicher zu fragen, welcher Ausschnitt von Praxis aus welcher Perspektive jeweils in den Blick gerät. Selbst die als rationalisierend kritisierten Leitfaden-Interviews können praxisferner oder -naher gestaltet werden, etwa durch die Integration offener Erzählstimuli und *elicitations* (Lapenta 2011), durch Frageformen, die episodisches Erzählen (Flick 2011) begünstigen, oder durch spezifische Erzählstimulations- und Auswertungsstrategien, mit denen akteurszentrierte Narrationen zu „practice stories" (Ahva 2021) verdichtet werden.

Blicken wir von der Gegenwart aus zurück, muss ein Unterschied allerdings dahingehend markiert werden, dass ein explizites Verständnis von Praktiken heute mehr und anderes umfassen sollte als das Untersuchen von (Medien-)Handeln von Menschen sowie die Erfassung ihrer mentalen Repräsentationen (z. B. ihr Medienwissen, ihre subjektiven Medientheorien). Die Mediensoziologie und Mediensozialisationsforschung der 1990er- und frühen 2000er-Jahre hat das Verdienst, Medienkommunikation, Medienhandeln und Medienaneignung konzeptuell wie empirisch verfolgt (z. B. Hepp 1998; Krotz 2008; Schorb 2007) und mit alltags- und lebensweltorientierten Zugängen die Kommunikations- und Medienforschung „vom Kopf auf die Füße" gestellt zu haben. Im Mittelpunkt stand dabei – noch geschult an den Massenmedien und Rezeptionsfragen – die Konstruktion und soziale Verhandlung von Bedeutung und die Frage, wie mediale Inhalte und Angebote in den Alltag sowie die Identitätsarbeit von Rezipierenden integriert sind. Summarisch macht Göttlich (2006, S. 66 ff.) eine konzeptuelle Überhöhung der Gesprächssituation als Basis für die Rekonstruktion von Medienkommunikationsprozessen der handlungsorientierten Kommunikations- und Medienforschung aus. Tatsächlich ist der Fokus auf *meaning making* und die tendenzielle Vernachlässigung der körperlichen und materiell-technischen Grundbedingungen von Kommunikations- und Medienpraxis aus heutiger Sicht ein Manko, das durch eine praxistheoretische Forschungshaltung überwunden werden kann.

5.4 Denk- und Suchhilfen: Forschungspraktische Heuristiken

Anleitungen zum praxistheoretischen Forschen vermitteln mitunter den Eindruck, alle Erkenntnis müsse „aus dem Feld" bzw. „aus der Praxis" selbst heraus entstehen. Als Grundsatz ist diese Orientierung auch richtig. Praxistheoretische Forschung steht (rein) deduktiven Forschungslogiken entgegen. Selbstverständlich sind Forschungsfragen, -felder und -foki festzulegen – was letztlich als Befund herauskommt, soll aber aus der Beobachtung der Praxis emergieren. Im Umkehrschluss bedeutet das allerdings nicht, dass Praxistheorien kein Vorverständnis einführen. Sie haben über die Zeit selbst vielfältige Begriffstraditionen entwickelt und ein formales Vokabular aufgebaut, das oft aus der Empirie abgeleitet wurde, im Fortschreiten wissenschaftlicher Subdisziplinen (also der Wissenschaftspraxis) gleichwohl Tendenzen der Verselbstständigung aufweist:

5.4 Denk- und Suchhilfen: Forschungspraktische Heuristiken

- Wer mit *Bourdieu* arbeitet, wird mit einem Vorverständnis von ökonomischem, sozialem, kulturellem und symbolischem Kapital (Bourdieu 2005), im kommunikations- und medienwissenschaftlichen Kontext möglicherweise von „meta-media capital" (Couldry 2003) und Vorstellungen über spezifische Konvertierungslogiken Forschung betreiben; oder ist für sozialisatorische Annahmen wie Hysteresis, Hexis und Habitus sensibilisiert (Bourdieu 1982, 1985).
- Wer sich an *Giddens* orientiert, wird für die Erforschung von Strukturbildung bzw. reflexiver Selbststeuerung etwa von Medienorganisationen mit einem Vorverständnis von konstitutiven und regulativen Regeln sowie von allokativen und autoritativen Ressourcen ausgerüstet sein (Giddens 1997).
- Wer *Schatzki* zurate zieht, wird nach „Praktiken-Arrangement-Bündel" Ausschau halten oder in „disperse" und „integrative" Praktiken unterscheiden (Schatzki 1996, 2002).
- Auch die *ANT* um Latour, Callon u. a. hat eine umfassende „Infra-Sprache" (Latour 2007) entwickelt, um den Fluss der Praxis nachzuvollziehen. Wer mit ihr arbeitet, geht beispielsweise auf die Suche nach obligatorischen Passagepunkten, *boundary objects* oder *immutable mobiles* (Lengersdorf und Wieser 2014; Wiedmann et al. 2020).

Es ist hier nicht der Ort, all diese sensibilisierenden Konzepte zu vertiefen. Klar ist, dass sich jedes „theory/methods package" (Clarke 2009; Nicolini 2017) in die Forschung einschreibt. Mit Bourdieu'schen Konzepten im Gepäck wird es schwieriger, Dynamik und Wandel abzubilden als etwa mit Giddens. Im Gegenzug verfügt das Bourdieu'sche Werk wohl über die differenzierteste Darstellung von Inkorporationsprozessen. Ein STS/ANT-inspirierter Zugang eröffnet wiederum neue Sichtweisen auf die Agency von Technik (Lewis und Westlund 2015), berücksichtigt aber womöglich die Bedeutung handelnder Subjekte nicht ausreichend usw.

Mitunter ist es auch gar nicht so leicht, den oft sozialtheoretisch und sozialphilosophisch orientierten Schriften überhaupt konkrete Handlungsanleitungen zum Forschen zu entlocken. Dabei ist die Identifikation einer Praktik ein voraussetzungsreiches und alles andere als triviales Unterfangen (Schmidt 2015). Gesucht werden praktische Regelmäßigkeiten, die sich aber nicht in abstrakten Regeln erschöpfen. Gesucht werden Verbindungen von körperlichen Vollzügen, Techniken, Redeweisen, Interaktionsformen, in Bezug auf ‚eine' Praktik, allerdings abzüglich kontingenter, nicht wesentlich charakteristischer Merkmale. Das ist leichter gesagt als getan. Eine hilfreiche Orientierung für praktisches Forschen geben Elizabeth Shove und Kolleg:innen (2012). Die Vielzahl an theoretischen Bestimmungskriterien reduzieren sie auf drei zentrale Bausteine. Sie betrachten jede Praktik als spezifische Verknüpfung von Elementen, die sie den Bereichen „Materialität", „Kompetenz" und „Bedeutung" zuordnen (Shove et al. 2012, S. 22–25).

Auf der Ebene materieller Elemente ist demnach zu erschließen, welche Dinge – von Körpern, über Werkzeuge bis hin zu Räumen und Infrastrukturen – an Praktiken beteiligt sind. Übertragen auf digitale Medien ergibt es Sinn, hierunter auch digitale Quasi-Objekte zu zählen, etwa Profil- und Eingabemasken, Buttons oder Interfaces. Als Kompetenz fassen Shove et al. das vor allem praktische Wissen der involvierten (menschlichen) Akteur:innen (*knowing how*), also deren „Könnerschaft", die sich im performativen Vollzug bzw. der aktiven Hervorbringung und Aktualisierung von Praktiken manifestiert. Mit einem weniger reduktionistischen Verständnis von Dingen als bloßen Gegenständen, Werkzeugen oder räumlichen Begrenzungen zählt im digitaltechnischen Kontext hierzu auch die Performance von Maschinen und Programmen. Unter Bedeutung subsumieren die Autor:innen – in einem weiten Begriffsverständnis – sämtliche Elemente, die die Partizipand:innen mit einer Praktik verbinden: Motive, Handlungspläne und Aufgaben, Glaubenssätze und Narrative, aber auch mit der Praktik und ihrem Vollzug verknüpfte Emotionen, Stimmungen und Werturteile.

Folgen wir diesem Ansatz, geht es in der praxistheoretischen empirischen Forschung in erster Linie darum herauszubekommen, welche spezifischen Elemente dieser drei Bereiche jeweils zusammen auftreten und so eine spezifische Praktik formen. Da sich die Verknüpfungen ändern können – in allen oder auch nur in einem der drei Bereiche – ist dieser Ansatz geeignet, neben der Kontinuität auch den Wandel von Praktiken zu beschreiben: Wiederholen sich die Verknüpfungen, verfestigen sich Praktiken, ändern sich die Verknüpfungen – sei es, weil alte Praktiken auf neue Barrieren stoßen, (Handlungs-)Kontexte sich ändern oder sich die materielle Basis verschiebt – wandeln sich Praktiken. Aktuelle kommunikations- und medienwissenschaftliche Forschungsarbeiten übernehmen diese Grundlogik (z. B. Lünenborg et al. 2020; Raetzsch und Lünenborg 2020) und wandeln sie gegenstandsspezifisch ab – Laura Ahva (2017) etwa arbeitet mit der Trias von „materiality", „reflexivity" und „activity"; Alice Mattoni (2020) nutzt die Dimensionen „material", „symbolic" und „social".

Als ebenso hilfreich erwiesen hat sich die konzeptuelle Unterscheidung verschiedener Arten von Praktiken. Bereits erwähnt wurde Schatzkis (2002) grundlegende Unterteilung in „disperse" und „integrative" Praktiken. Erstere sind weniger komplex und in ihrem Vorkommen ubiquitär. Ein Beispiel sind Praktiken des (Be) Fragens, die in ähnlicher Form in vielen sozialen Feldern und Bereichen auftreten: am Frühstückstisch in der Familie ebenso wie im Supermarkt oder bei der Arbeit. Integrative Praktiken sind komplexer, ihr Vorkommen ist bereichsspezifisch, beispielsweise im Bankwesen, der Landwirtschaft oder auch journalistischer Redaktionsarbeit. Sie geben den in ihnen oft eingepassten dispersen Praktiken eine teleo-affektive Einbettung, d. h. eine Orientierung an bereichsspezifischen Zielen und Zwecken, Bewertungen und Gefühlslagen, Wertig- und Wichtigkeiten.

Andere etablierte Klassifikationen beziehen sich auf dominante Ausprägungsformen und verschiedenartige Gegenstandsbezüge. So unterscheidet Reckwitz (2006) zwischen „diskursiven" und „nicht-diskursiven Praktiken", je nachdem, welches Gewicht Formen der (interpersonalen) Kommunikation haben. Solche Differenzierungen sind freilich nicht trennscharf. Eine primär nicht-diskursive Praktik wie „Kochen" oder „Auto reparieren" inkludiert natürlich auch Kommunikation, verglichen mit der Praktik des Vortraghaltens aber in deutlich geringerem Maße. Die gleiche Relativierung gilt für die von ihm vorgenommene Unterscheidung in „intersubjektive", „interobjektive" und „selbstreferentielle" Praktiken. Hier wird danach unterschieden, in welcher (primären) Relation Subjekt und Objekt stehen und wie stark soziale Interaktion beteiligt ist. Selbsttechniken wie das Schreiben von Tagebüchern oder das Anlegen von Portfolios sind im Kern selbstreferenziell, auch wenn „die Anderen" intersubjektiv imaginativ Teil dieser Praktiken sind. Auch (rezeptive) Medienpraktiken wie Buchlesen oder Fernsehen zählt Reckwitz in diesen Bereich, insofern das Subjekt hier mit sich selbst beschäftigt ist. Die Bedienung von Maschinen oder Handwerken sind im Kern interobjektiv. In der Praxis begegnen uns allerdings stets Mischformen. Eine Selbsttracking-App etwa ist in Praktiken eingelassen, die in hohem Maße sowohl interobjektiv als auch selbstreferenziell sind.

Weitere heuristisch orientierte Konzepte zielen darauf ab, die Hierarchie von im Alltag miteinander verwobenen oder ineinander verschachtelten Praktiken zu erhellen. Dahinter steht die Vorstellung, dass es „anchoring practices" (Swidler 2001) gibt, die wiederum andere Praktiken erst ermöglichen. Darauf aufbauend bestimmen etwa Christoph Raetzsch und Margreth Lünenborg (2020) für die Kommunikation in sozialen Medien vier Sets an „anchoring practices for public connection": Praktiken der Informationsbeschaffung und des Zugriffs auf Medieninhalte, Praktiken der sozialen Orientierung, Praktiken der (Selbst-)Repräsentation sowie Praktiken der öffentlichen Intervention. Über die Vollständigkeit dieser Sets lässt sich diskutieren. Sie illustrieren jedoch die Grundlogik: Neue journalistische Praktiken, die beispielsweise publikumszentrierter sind oder in denen Journalist:innen selbst persönlich(er) erfahrbar werden, ‚ankern' in basaleren Praktiken der Selbstrepräsentation und sozialen Orientierung, die soziale Medien grundlegend kennzeichnen.

Die Auflistung zeigt, dass solche Klassifikationen heuristischen Wert haben. In der Untersuchung einer spezifischen Praxis können sie helfen zu erfassen, welche Relationen zwischen Elementen dominieren und so den Blick schärfen. Das gilt auch für den engeren Fokus auf *Medienpraktiken*.

5.5 Medienbezüge: Zur Identifikation von Medienpraktiken

Sozialwissenschaftliche Argumentationen um den Begriff der „Praktik" laufen per se Gefahr, tautologisch zu erscheinen. Die Rede von Kommunikationspraktiken, Medienpraktiken oder gar Handlungspraktiken hat stets etwas Eigenartiges, weil sie das, wovon sie spricht – jede Praktik verknüpft ja diverse Elemente –, zumindest implizit schon in sich trägt. Insbesondere Versuche einer vom Einzelfall losgelösten, allgemeinen sozialtheoretischen Konzeption, benennen stets Aspekte und Dimensionen, die auch das bloße Verweisen auf eine alltägliche Praktik schon irgendwie enthält. Und doch wird niemand in Abrede stellen, dass Fernsehschauen und Autofahren unterschiedliche Dinge sind. Für die Kommunikations- und Medienforschung stellt sich also die Frage, wie sich Medienpraktiken bestimmen lassen. Hierfür sehen wir zwei forschungspragmatische Wege:

Der erste Weg bedient sich der Praxis selbst, genauer gesagt, den medienbezogenen *sayings* und *doings*. Als eingebundene Akteur:innen können wir Praktiken nicht vollständig überblicken, insbesondere im Modus des routinemäßigen Vollzugs bleiben sie uns oft verschlossen. Gleichzeitig verfügen Menschen über praktische Intelligibilität bzw. Reflexivität, über ein oberflächliches Gespür und Wissen, „was sie machen" und „was mit ihnen gemacht wird". Dieser Umstand realisiert sich für Schatzki (1996, S. 104) auch im Benennen von Praktiken und überhaupt dem besonderen Stellenwert, der der verbalen Kommunikation in Momenten des Lernens und Trainierens sowie der Verunsicherung und Reparatur zukommt. Zwar gelte stets, dass „knowing how to act cannot be laid out in explicit formulations" (Schatzki 1996, S. 50), doch bringe es der Bedarf nach Lösungen praktischer Probleme mit sich, dass sich Praxisteilnehmende insbesondere der Sprache als zentralem Zeichensystem bedienen, um sich kommunikativ zu verständigen. Im Verwenden eines Vokabulars zum Etikettieren von und Kommunizieren über Praktiken werden also, so die Annahme, die Beschäftigung mit Praktiken und damit die Praktiken selbst nachvollziehbar (Knoblauch 2013).

Alltagsbegriffe wie „fernsehen", „Radio hören", „twittern", „scrollen", „zoomen" oder „binge-watchen" verweisen auf Praktiken, in denen technische Medien der Zeichenrepräsentation, der interpersonellen Kommunikation oder der Interaktivität offensichtlich eine Rolle spielen. Insofern wir diese Begriffe bottom-up dem alltäglichen Sprachgebrauch entlehnen, können wir sie als Hinweise auf die Relevanz von bestimmten Praktiken(bündeln) sehen, die als Medienpraktiken zu fassen sind.

Der zweite Weg zur Identifikation von Medienpraktiken ist analytisch-theoretisch und folgt ähnlichen Klassifikationsprinzipien wie den schon eingeführten Heuristiken, die meist ohne expliziten Medienbezug auskamen. Häufig wird auf Couldrys (2012) Verständnis von „media-related practices" rekurriert. Er unterscheidet hierbei zwischen „single media-related practices" und „complex media-related practices" (S. 44–57). Mit „single" sind dabei nicht Praktiken gemeint, die sich auf nur ein Medium beziehen würden, sondern eher einzelne Praktiken wie das Archivieren von Informationen oder selbstbezogenen Dokumenten, die in ihrer zeitlichen und räumlichen Ausdehnung klarer lokalisierbar sind. Komplexe medienbezogene Praktiken hingegen involvieren ihrerseits viele andere medien- und nicht medienbezogene Praktiken. Als ein Beispiel nennt Couldry (2012, S. 53 f.) „keeping up with the news", eine Praktik, die im täglichen Lebensvollzug zahlreiche kleinere Praktiken beinhaltet, von der Rezeption massenmedialer Nachrichten, über mediatisierte interpersonale Kommunikation in sozialen Netzwerken hin zu Gesprächen im Kolleg:innen- und Familienkreis.

Bei medienbezogenen Praktiken anzusetzen, situiert Medien und die von ihnen ausgehenden bzw. ihrer Wirkung zugesprochenen sozio-materiellen Prozesse in den Anforderungen, Routinen und Selbstverständlichkeiten des Alltags (Morley 2000, S. 86). Auf diese Weise wird, so Nick Couldry (2012, S. 23), die Annahme der

Zentralität von Medien bei der kulturellen Reproduktion in mediatisierten Lebenswelten „de-zentralisiert" und gewendet in eine Beschäftigung mit den Vorgängen, mittels derer Medien zu zentralen Handlungs- und Deutungsmitteln gemacht werden. Analytischer Anknüpfungspunkt hierzu kann das Repertoire der gewohnheitsmäßig in Praxisbereichen und Akteursgruppen vollzogenen Typen an Medienhandeln und darin einbezogener Medien sein (Hasebrink und Popp 2006).

Ursprünglich im Bereich der *media activism research* beheimatet, hat Alice Mattoni (2020) eine Heuristik vorgelegt, die konzeptuell zwischen „media-as-practices", „media-related-practices" und „media-in-practices" differenziert. Die erste Kategorie verdankt sich ihrer Verortung in der Aktivismusforschung. Medien sind hier weniger in ihrer organisationalen Verfasstheit von Bedeutung, sondern werden oft erst und nur durch die (Medien-) Praktiken der Bewegungsakteur:innen selbst erzeugt (Kubitschko 2018; Stephansen und Treré 2020). Die zweite Kategorie spiegelt Couldrys Aufteilung wider. Im Mittelpunkt steht, welche Praktiken Aktivist:innen in Relation zu Medien kultivieren. Die dritte Kategorie – „media-in-practices" – ist insofern interessant, als dass sie eine Brücke schlägt zu nicht-medialen Praktiken bzw. die Frage nach der (Un-)Bedeutsamkeit von Medien für Praktiken in einem bestimmten sozialen und kulturellen Rahmen offen stellt. Insofern es um „visibility practices" geht, so Mattonis (2020, S. 2832) Beispiel, ist von einem Nahverhältnis und einer starken Trägerschaft durch (soziale) Medien auszugehen. Geht es hingegen um „organizing practices" (Mattoni 2020), sind auch hier digitale Werkzeuge präsent, müssen gleichwohl nicht dominieren oder entscheidend sein.

Die bis hierhin besprochenen Klassifikations- und Systematisierungsversuche eint, dass sie ein Vorverständnis davon einbringen, was jeweils als Medium zu gelten hat. Im medien- und kommunikationswissenschaftlichen Forschungsalltag wird es vermutlich kaum Forschung geben, die gänzlich ohne solche Vorabfestlegungen auskommt. Dazu ist das Erkenntnisinteresse zu stark auf eben technische Medien und ihre soziale bzw. gesellschaftliche Einbettung gerichtet.

5.6 Digitale Praktiken: Herausforderungen und Möglichkeiten ihrer Erfassung

Medienpraktiken erforschen heißt heute in erster Linie, Praxis in digitalen Medienumgebungen und hochgradig mediatisierten Lebenswelten zu erfassen. Angesichts der Ubiquität von Digitaltechnologie und digitaler Kommunikationsinfrastrukturen rücken wir die Frage ins Zentrum, wie praxistheoretische Forschung von diesem grundlegenden Wandel in einigen ihrer Prämissen infragegestellt wird und wie sie darauf reagieren kann. Im Blick auf digitale Praktiken ergeben sich spezifische Herausforderungen. Eine der größten ist, dass zahlreiche in ihnen wirksame Elemente nicht sichtbar bzw. nicht ohne weiteres einsehbar sind (Krämer 2020, S. 99–111). Die eigentliche technische Vermittlung und Verarbeitung von medialer Kommunikation und Interaktion lassen sich nur bedingt beobachten. Medien- und kommunikationswissenschaftliche Praxisforschung hat also mit vielfältigen Formen von *Opazität* zu tun. Für die oben eingeführte und besprochene Einordnung verschiedener Methoden in praxisnah und praxisfern ist das ein Problem. Eine auf dem Papier praxisnahe Methode, die ihren Gegenstand nicht ins Visier bekommt, taugt nichts (bzw. ist dann eben nicht praxisnah). In diesem Kapitel argumentieren wir daher gegen Methodendogmatismus und für eine Emanzipation der Medien- und Kommunikationsforschung, die im Verhältnis zu (Mikro)Soziologie und Ethnologie als praxistheoretische Ankerdisziplinen eigene Wege gehen und vielleicht auch mehr Kompromisse als diese schließen muss.

Insbesondere die gemessen an ihrer massenhaften Indienstnahme wichtigsten digitalen Medien, angefangen bei den Plattformen von Meta, TikTok und Twitter/X, und die mit ihnen verbundenen (vorgelagerten, gleichzeitigen und nachgelagerten) Praktiken der Datenstrukturierung sind nicht einfach beobachtbar. Leicht zugänglich sind die Aktivitäten am „front end", die Operationen im „back end" nicht. So skizzieren Tiziano Bonini und Alessandro Gandini (2020), wie sie bei ihrem Versuch, die Produktionspraxis von Musikstreaming-Plattformen ethnografisch zu beobachten, im Wortsinn vor verschlossenen Türen

5.6 Digitale Praktiken: Herausforderungen und Möglichkeiten ...

standen. An ihren Ausführungen wird deutlich, dass es bei der Analyse digitaler Medien bzw. privatwirtschaftlicher Plattformen neben der technischen eine kulturelle Dimension von Opazität gibt:

Die technische Dimension lässt sich als kontinuierliche Herausforderung der Medienforschung beschreiben. Jedes Medium – ob analog oder digital, ob Fernseher, Kabel, Satellit, Radio, Smartphone, App, Plattform – kommt als „black box" über uns (z. B. Burrell 2016; Geitz et al. 2020; Winkler 2014). Das allein ist weder neu noch ein generelles Problem für die Praxisforschung. Die Funktionslogik und Arbeitsweisen von Medientechnologie zu „lüften", fällt mal schwerer, mal leichter. Auch müssen Forschende nicht alles im Detail verfolgen, um dennoch Funktionslogiken und Einschreibungen in Aktivitäten erfassen zu können. Das gleiche gilt für die soziale und kulturelle Programmierung von analogen und digitalen Medien(angeboten), seien das früher Sendeuhren und Programmschemata gewesen, journalistische Selektions- und Recherchepraktiken oder heute ausgeklügelte Algorithmen der Kuratierung und Steuerung von Aufmerksamkeitsflüssen. Für die Praxisforschung, etwa in der Tradition der ANT, ist es selbstverständlich, so wie routiniertes (Körper-)Handeln auch technische Prozesse als *black boxes* zu fassen, und Zugänge und Kniffe einzurichten, diese beobachtbar zu machen.

Die kulturelle Dimension opaker digitaler Infrastrukturen ist hingegen als zeit- und systemspezifisches Problem zu betrachten. Digitale Medien mögen, verglichen mit einem Röhrenfernseher und terrestrischer Signalübertragung, noch so komplex sein. Letztlich ist es eine kulturelle und auch eine politisch-rechtliche Frage, ob sie sich – prinzipiell – erschließen lassen, in ihrer technischen Formgebung ebenso wie in ihrer sozialen und kulturellen Programmierung. Wir haben uns daran gewöhnt, dass datenbasierte Technologien insbesondere der großen Tech-Konzerne opak konzipiert sind. Gegner:innen dieser Entwicklung fordern entsprechend z. B. eine „algorithmic sovereignty" (Reviglio und Agosti 2020) und die Erklärbarkeit (*explainability*) algorithmischer, K.I.-gestützter Entscheidungen und Prozeduren. Stand heute sind sozialwissenschaftlich Forschende nicht anders als

Nutzer:innen meist abhängig vom *good will* der großen Plattformen und ihrem Management (Savage und Burrows 2007).

Für eine praxistheoretische Kommunikations- und Medienforschung, die perspektivisch die Zentrierung auf soziales Handeln und Bedeutung zugunsten einer integralen Berücksichtigung soziotechnischer und -materieller Trägerschaft erweitern möchte, ist das – die kulturelle Dimension der Opazität – tatsächlich ein Hindernis. Denn das Primat beobachtender Verfahren in der Praxisforschung speist sich, wie oben beschrieben (Abschn. 5.2), aus der „Öffentlichkeitsthese" (Schmidt 2012, S. 237 ff.), d. h. der Annahme, dass Praktiken mindestens partiell sichtbar sind, weil sie von Körpern und Dingen kompetent ausgeführt bzw. hervorgebracht werden. Entsprechend sind Praktiken – idealiter – auch von ihrer öffentlichen Seite her zu erschließen und zu rekonstruieren, also dem, was sichtbar ist. Für den Bereich digitaler Praktiken, so ist bis dato festzuhalten, gilt die Öffentlichkeitsthese der Praxisforschung aber nur bedingt. So konstatieren Sebastian Gießmann und Marcus Burkhardt (2014) im Vergleich zur Analyse symbolischer, öffentlich verfügbarer Medien: „Daten entwickeln nicht nur gegenüber ethnologischen, sozialwissenschaftlichen und juristischen Zugriffen eine erstaunliche Widerstandskraft, sondern auch gegenüber medienwissenschaftlichen Ansätzen. Ein vergleichsweise direkter Weg, der etablierten Analysen zu Text, Bild, Film und Ton vergleichbar wäre, fehlt." (S. 7)

Diese schwierige Ausgangslage mag auch ein Grund dafür sein, dass in der Analyse digitaler Medien die Rede von Praktiken zwar allgegenwärtig ist, die gebotenen empirischen Beschreibungen über die Strukturerfassung von Plattformen und Interfaces sowie der Rekonstruktion von User:innen-Handeln mitunter aber kaum hinauskommen. Es ist einfach sehr schwierig, dass situierte Miteinander von Medienensembles nachzuzeichnen, wenn ein Großteil dieser Elemente zwar theoretisch plausibel postuliert werden kann, letztlich aber keine Möglichkeit besteht, ihre situative Relevanz und ihr Zusammenspiel mit den Handlungen der beteiligten menschlichen Akteur:innen *in action* zu beobachten. Im schlimmsten Fall produziert das eine beständige Kluft zwischen Forschungsanspruch und Forschungswirklichkeit.

5.6 Digitale Praktiken: Herausforderungen und Möglichkeiten ...

Gleichwohl bedeutet das strategische *black-boxing* – selbst ein Praktikenbündel, das der Analyse Wert ist – durch weite Teile der Tech-Industrie nicht, dass sich alles der Beobachtung entzieht und Praxisforschung zur Ohnmacht verdammt ist. Im Folgenden werden einige Wege aufgezeigt, die beispielhaft für Bemühungen stehen, Licht ins Dunkel zu bringen und den Gegenstandsbereich erfassbar(er) und beobachtbar(er) zu machen (auch Kitchin 2017):

1) *Hinterbühnen-Ethnografie*: Die oben zitierte Arbeit von Bonini und Gandini ist den *production studies* zuzuordnen. Trotz aller Schwierigkeiten, sich bei den einflussreichen Digitalfirmen Einblick vor Ort zu verschaffen, bleibt dieser Forschungszweig für die Erforschung digitaler Praktiken zentral: Denkbar ist etwa, dass aufstrebende Start-Ups offener sind für Kooperationen mit (Feld)Forscher:innen als große etablierte Firmen. Nicht zu unterschätzen sind als Quellen zudem Gespräche mit ehemaligen Mitarbeitenden, eingehende Analysen der öffentlich zugänglichen Social-Media-Kommunikation von technischen Mitarbeiter:innen, medialen Verlautbarungen und Interviews der Unternehmensführungen, der Besuch von Tech-Konferenzen und Business-Meetings, sowie Dokumentenanalysen: von Tech-Zeitschriften, über Plattform-AGBs bis selbstauferlegte Unternehmensstatuten und Firmenphilosophien (z. B. Meehan und Turner 2021; Seaver 2017; Tarnoff und Weigel 2020). In der Zusammenschau geben diese Einzeldokumente Auskunft über Ziele, Strategien und Vorgehensweise – inklusive Diskrepanzen zwischen öffentlicher Kommunikation und tatsächlichem Agieren (Meisner et al. 2022; Ziewitz 2019).
2) *Erkundungen von Interface-/App-/Plattform-/Game-Design*: Die Analyse äußerer Formgestalten und medialer Architekturen allein ist keine Praxisforschung. Die genaue Kenntnis und Kartografierung des sichtbaren Teils der medialen Angebote ermöglicht es aber, Handlungskorridore, -pfade und potenzielle Prägekräfte von Technologien abzuschätzen. „Platform studies" und „infrastructure studies" sind wichtige Forschungsbereiche, deren Wissen um Strukturen und Formen mindestens sensibilisierenden Wert hat (z. B. Acland 2015;

Plantin et al. 2018). Praxisnahe Erkundungen durch Methoden wie „walk-throughs" (Games, Apps) weisen zudem autoethnografische Anteile auf und nutzen die Erfahrungen, die Forschende bei der Techniknutzung machen, als Erkenntnisquelle (z. B. Light et al. 2018; Møller und Robards 2019).

3) *Interaktion mit dem sichtbaren Output digitaler Medien*: Digitale Medienpraxis hinterlässt Datenspuren und auch Algorithmen samt der durch sie bewirkten Überformung der medialen Umwelt hinterlassen Spuren. Algorithmische und technische Agency bleibt als technisches Operieren opak, mündet jedoch in Oberflächen-Phänomene, die prinzipiell erfahr- und beobachtbar sind (Bucher 2018; Ernst 2022). Zu den sichtbaren Ergebnissen gehören etwa Metriken bzw. Messwerte, die kommunikativen Produkten und Handlungen als dynamische Metatexte eingeschrieben sind (Likes, Followers, Reposts etc.), Rang- und Trefferlisten, Empfehlungen und andere technisch erzeugte Feedbacks. Das Beobachten und Beschreiben der Interaktion und Reaktion von Menschen mit und auf diese sichtbaren Outputs, etwa im Rahmen von „media goalongs" (Møller Jørgensen 2016), lässt Rückschlüsse auf ihre Integration in Praktiken zu. Insbesondere komparative Settings, in denen vergleichbare Praktiken, ausgeführt in verschiedenen medialen Umwelten (z. B. Plattformen, Suchmaschinen), kontrastiert werden, ermöglichen Rückschlüsse auch auf opake Strukturen im Back-end (z. B. wie homophil ein Algorithmus programmiert ist, oder ob er mit Blick auf Diskriminierungsstrukturen voreingenommen ist). Eigens für die Forschung entwickelte Tracking-Tools oder das Einbinden der zugänglichen Tracking-Daten von Plattformen und Apps, die diese ihren User:innen als Feature bieten (z. B. *dashboards*, Self tracking-Visualisierungen), sind ebenfalls Wege, um der materiellen Dimension digitaler Praktiken näher zu kommen.

4) *Technik-Imaginaries*: Praxeologisches Forschen erschöpft sich nicht in der Rekonstruktion subjektiver, mentaler Repräsentationen von Medien und ihrer Funktion. Nichtsdestotrotz fließen die Vorstellungen, die User:innen zu Medientechnik haben – also was sie denken, wozu diese da ist, was diese zu leisten imstande ist, wo ihre Grenzen und Probleme liegen,

was diese im Hintergrund machen, welche Intentionen Firmen haben usw. – als Teil medienbezogener *sayings* in Praktiken ein (Bucher 2019; Schulz 2023). Das gilt natürlich ebenso für Programmierende und Infrastrukturgestaltende, die im „Bauen" digitaler Infrastruktur bewusst und unbewusst Vorstellungen darüber einbringen, wer die jeweiligen Applikationen zu welchem Zweck wie nutzen könnte, sollte oder nicht. Insbesondere mit dem Konzept der „imagined affordances" (Nagy und Neff 2015) werden solche Bedeutungskonstrukte analysiert, im Bestfall verbunden mit der Beobachtung, ob und wie sich diese in Handeln und Medien materialisieren (z. B. Baack 2018).

5) *Provozierte Daten und Testszenarien*: Die letzte hier vorgestellte Strategie wechselt von der analytischen Rekonstruktion des Bestehenden als primärer Forschungshaltung zum Entwerfen und Modellieren von Testszenarien, in deren Rahmen Daten provoziert werden (Korn et al. 2019b, S. 34–37). Ein Weg setzt hierbei an der Störung von und dem Bruch mit dem routinehaften Vollzug an, der nicht nur den unauffälligen Fluss sozialer und kommunikativer Praxis kennzeichnet, sondern auch das unauffällige „Laufen" medialer Infrastrukturen unter Normalbetriebsmodus. Solche Vorgehensweisen schließen an soziologische Traditionen wie die der Krisen- und Vertrauensexperimente von Harold Garfinkel an (Schüttpelz 2015). Hierbei müssen bestehende Ordnungen – etwa in Form von Hacks – nicht zwingend bewusst von außen gestört werden (was forschungsethische Fragen aufwirft), es kann auch aus unverantworteten Vorfällen gelernt werden. Das temporäre Nicht-Funktionieren digitaler Infrastrukturen – hervorgerufen beispielsweise durch „breakdowns", Überarbeitungen und „relaunches" – eröffnet Beobachtungsfelder. Die hier geleisteten Reparaturarbeiten lassen, auch im Sinne öffentlicher Kommunikation und Rechtfertigung, Rückschlüsse auf die Architektur sonst opaker Technologien zu. In einer hoch technisierten Gesellschaft, in der permanentes „testing" selbst zum modus operandi geworden ist und sich mehr und mehr auf Menschen und ihr Verhalten selbst richtet, rufen Noortje Marres und David Stark (2020) zudem eine „sociology of testing" aus. Diese ent-

deckt und analysiert die invasiven Tests u. a. der Digitalindustrie, ist aber auch selbst eine Soziologie des Testens, in der bestehende Anordnungen variiert und modifiziert werden.

5.7 Abwesend anwesend: Teilhabe und Beobachtung im Wandel

Wie die Auflistung zeigt, wird das Erforschen digitaler Praktiken immer fragmentarisch bleiben. Der ethnografische Totalitätsanspruch, konkrete Situationen möglichst ganzheitlich zu erfassen, ist nur bedingt einlösbar. Das liegt nicht nur an den opaken Anteilen digitaler Praktiken, sondern auch daran, dass ihr Raum-, Zeit- und Sozialbezug als per se verteilt und entgrenzt anzunehmen ist. Aus diesem Grund muss sich eine Mediensoziologie digitaler Praktiken von allzu konventionellen Leitbildern emanzipieren.

Im Folgenden geht es um zweierlei: einerseits um die Würdigung einer digitalen Ethnografie, die dem oben explizierten Anspruch auf Teilhabe und Situationsbezug treu bleibt, aber für digitale Analysekontexte angepasst wird. Andererseits um ein grundsätzliches Infragestellen der etablierten Vorstellung, dass die Praxisforschung stets im Kleinen – der Teilnahme an Situationen – beginnen muss. Das datafizierte Aufschichten und Ablagern von Kommunikation und Interaktion in digitalen Medien ermöglicht (und fordert?) auch eine Praxisforschung sozialer Aggregate, die sich aus „natürlichen" Daten speisen, selbst aber eher Makro-Charakter aufweisen.

Zunächst jedoch zurück zum Leitbild partizipativer Ethnografie als Königsweg der Praxisforschung und ihrer Übertragung auf digitale Kontexte: Setzen wir ethnografisch-beobachtende Methoden als Primat für praxistheoretisches Forschen, wiederholt sich ihr Versprechen mit Blick auf Prozesse der digitalen Kommunikation. Es liegt nahe, in der digitalen Ethnografie einen Zugang zu sehen, der es ermöglicht, das Zusammenspiel von humaner und dinglich-technischer Agency in situ zu erforschen. In den vergangenen Jahren sind viele Publikationen zu digitaler Ethnografie entstanden (z. B. Hine 2015; Hjorth et al. 2017), die vielstimmige Perspektiven öffnen. Generell zu unterscheiden sind Ansätze, die digitale Medien primär als neue bzw. erweiterte Sozial- und Kulturräume sehen, die nach Möglichkeit aber nach denselben Prinzipien erforscht werden sollen wie zuvor analoge Phänomene (z. B. Forschungen zu Internet- oder Fan-Communities); sowie Ansätze, die die Spezifika des Digitalen herausstellen und spezifisch digitale Methoden nutzen, die sich vom traditionellen Methodenbestand absetzen.

Eine bis heute kontrovers diskutierte Frage besteht dabei darin, was Beobachten überhaupt bedeutet, wenn die Ko-Präsenz von Geschehen und Forscher:in prinzipiell medial vermittelt bzw. limitiert ist. Obgleich Ethnografie immer Gefühle der Entfremdung und Unwissenheit beinhaltet, sie oft bewusst sucht, fehlt der Online-Interaktion der sinnliche Reichtum der physischen Ko-Präsenz. Michael Rutter und David J. Smith (2005) sprechen von einem „nebulous setting": „The online ethnographer faces the issue of 'being there' while also, in a non-trivial sense, 'not being there'" (S. 91). Aus einer dogmatischen Position heraus könnte aus dieser Ambivalenz gefolgert werden, dass „echte" Teilhabe im digitalen Raum nicht möglich ist. Wir möchten jedoch genau umgekehrt argumentieren und von einem veränderten Situations- und Teilhabeverständnis ausgehen, das sich auf die konstitutive Verteiltheit von Praktiken digitaler Kommunikation stützt.

Gewissermaßen geht Praxistheorie immer davon aus, dass Praktiken bei aller Varianz zeit- und raumübergreifende Muster aufweisen. Globalisierungs- und Entgrenzungsprozesse haben methodisch zu einer Erweiterung ethnografischer Praxisforschung geführt, die sich heute oftmals als „multi-sited ethnography" (Hannerz 2003; Marcus 1995) versteht. Diese versucht, Phänomene in ihrer komplexen Verteilt- und Verbundenheit nachzuvollziehen. Entsprechend geht es nicht mehr (nur) darum, über möglichst lange Zeiträume an einem Ort Feldforschung zu betreiben, sondern das zu untersuchende Phänomen an vielen verschiedenen, heterogenen Orten (eben: „multi-sited") aufzusuchen.

Für die uns im Kern interessierenden Praktiken digitaler Kommunikation müssen wir diese Argumentation noch zuspitzen. Während etwa Montagepraktiken in der Automobilwirtschaft noch an spezifische raum-zeitliche, physische Umgebungen – etwa Fabriken – verankert sind (wenngleich globale Lieferketten, automatische Produktionssteuerung etc. solche Ortsfokussierungen auflösen), ist digitale Kommunikation per se, also ihrem Wesen nach, zeitlich, räumlich und sozial verteilt. Digital kommuniziert wird nie nur „hier". Es gibt digitale Kommunikation nur, weil und wenn verschiedene Lokalitäten und Akteur:innen verknüpft werden. Bereits die Grundfigur zweier miteinander über ein Medium in Schrift, Ton oder (Bewegt-)Bild kommunizierenden Menschen A und B macht deutlich, dass der ethnografische Ruf nach Teilnahme bereits in der einfachsten Figur drei Orte beinhaltet: die Situation von A, die Situation von B, und der Ort der technischen Vermittlung.

Diese Konfiguration nimmt Einfluss auf das Verständnis von Situation und ethnografischer Teilhabe. Orientiert an traditionellen Vorstellungen kann der Beobachtungsort erstens die räumliche und zeitliche Einbettung der medial kommunizierenden menschlichen Akteur:innen bleiben. Digitale Medien treten dann z. B. als Objekte in Erscheinung, die (Un-)Aufmerksamkeiten neu verteilen oder zu veränderten räumlichen Arrangements und sozialen Choreografien im sogenannten *real life* führen. Beispiele hierfür finden sich in der Medienforschung zum öffentlichen Raum. In der Beobachtung der Mobilkommunikation auf öffentlichen Plätzen oder Straßen zeigen sich Phänomene wie die „inattentional blindness", das Ausblenden der Umweltreize während der Handynutzung (Höflich 2014). Im öffentlichen Nahverkehr fungieren Mobiltelefone nicht selten als „involvement shields" (Ayaß 2019). Sie schirmen die in die Mediennutzung vertieften Menschen von ungewollter oder unangenehmer Interaktion ab. In beiden Beispielen und den zugehörigen Studien liegt der Fokus auf dem Hier und Jetzt der physischen Verankerung der an der Medienpraxis beteiligten Menschen, ggf. in ihrer Verknüpfung mit den Inhalten und Materialitäten digitaler Kommunikation.

In einer zweiten Variante interessieren digitale Medien als Räume bzw. als Medienumgebungen, über die vermittelt Interaktion, Partizipation, Vergemeinschaftung, Kollaboration, Kooperation usw. stattfinden. Insbesondere die frühe Internetethnografie hat (Fan-)Foren oder Onlinerollenspiele so erforscht, als wären sie eigene, abgeschlossene Welten (z. B. Baym 1994). Im Grunde reproduziert dieses Vorgehen konventionelle ethnografische Ortsvorstellungen, weil die entsprechenden Dienste (trotz ihrer Dynamik und Variabilität) als vergleichsweise fest umgrenzte (digitale) Umgebungen wahrgenommen und analysiert werden. Dass die „online-only" bzw. „online-first"-Ethnografie auch heute weiterhin von Bedeutung ist, zeigen etwa Untersuchungen zu interaktiven Medienumgebungen wie Onlinerollen-Spiele (Kirschner 2015).

Gleichzeitig werden heute die vielfältigen Verschränkungen von Online- und Offline-Räumlichkeiten bzw. -kommunikation betont. Christine Hine (2015, S. 32) fasst das mit ihrer „E3"-Formel, wonach Internet als „embedded" (keine abgeschlossene Welt, sondern eingebettet in zahlreiche Alltagsobjekte), „embodied" (keine ‚virtuelle' Erfahrung, sondern ein holistisches Erleben, das sich aus dem Hier und Dort speist), und „everyday" (veralltäglicht, routiniert und unhinterfragt) gedacht und erfasst werden müsse. In der Praxis läuft das auf ein Ideal hinaus, in der die beiden Situations- und Teilhabeverständnisse im Sinne eines Sowohl-als-auch kombiniert werden. Mit Karin Knorr-Cetina (2009) lässt sich dieses Verständnis von Situationen als „synthetisch" fassen, d. h. als translokal und oft auch trans-temporal entgrenzt.

Ein drittes Verständnis schließt an solchen Vorstellungen an, löst sich aber von klar identifizierbaren Ortsbezügen und nimmt vielmehr die Verknüpfungsleistungen in den Blick (Reißmann 2019b, S. 24–25). Christine Hine (2015) erinnert an die ethnografische Grundannahme, wonach eine „field site is an artful construction rather than something one simply 'finds'" (S. 60). Die Immaterialität digitaler Orte verstärkt diese Tendenz, selbst relativ stabile Ortsbezüge wie „auf Instagram gehen" verlieren ihren Sinn aufgrund der ständigen Veränderlichkeit der Plattformen. Auf ihren Wegen durch das „messy web" (Postill und Pink 2012) konstruieren digitale Ethnograf:innen die *sites* mit und sind wie diejenigen, die sie beforschen, als „digital wayfarers" (Hjorth und Pink 2014) unterwegs. Ist ihr Erkenntnisinteresse darauf gerichtet, wie sich Metaphern, Diskurse, Narrative, oder Quasi-Objekte wie Bilder oder Memes verbreiten, müssen sie diesen idealerweise auf deren Wegen folgen, sowie den zugrunde liegenden Praktiken, die sie erzeugen und aufrechterhalten. In dem Maße, wie sich *sites* entgrenzen bzw. intern und extern multiplizieren, gewinnen Mapping-Strategien an Bedeutung. *Sites* werden dabei nicht mehr als gegeben gesetzt, sondern selbst erklärungs- und definitionsbedürftig, sie sind zu finden, ihre direkten und indirekten Verbindungen im Forschungsprozess aufzuweisen.

In der konkreten Forschungsarbeit verbinden sich die hier idealtypisch unterschiedenen Ortsvorstellungen miteinander. Es ist trotzdem gewinnbringend, sie analytisch auseinanderzuhalten: In den ersten beiden bleibt der primäre ethnografische Auftrag, die Kommunikationspraktiken von Menschen und Medien im situativen Kontext zu erforschen – entweder ausgehend vom physischen Raum, vom digitalen Raum, oder in einer Kombination. Die dritte Vorstellung entfernt sich von klar abgrenzbaren Ortsbezügen, gewissermaßen wird das ‚digitale Reisen' der Beobachtenden selbst zum vordergründigen Erfahrungszusammenhang, ihre eigene Situation zum Gegenstand der Beobachtung. Gemeinsam ist allen dreien, dass sie einer Praxisforschung folgen, die sich im Kern als situiert begreift und im Kleinen beginnt.

5.8 Mapping: Analyse digitaler Praktiken zwischen Konkretion und Abstraktion, Fragment und ‚big picture'

Situierte, im mikro-logischen Vollzug ansetzende Zugänge bleiben ein zentraler Baustein auch der medien- und kommunikationswissenschaftlichen Praxisforschung. Zur Analyse digitaler Praktiken gewinnen zugleich Mapping-Strategien an Bedeutung, die sich vom Primat der direkten Beobachtung lösen, weil sie auf aggregierten Daten beruhen. Diese „Beobachtung ohne Beobachtung" setzt nicht per se im Kleinen an, sondern im Großen, und kann dennoch nicht einfach als Reifikation von Makro-Strukturen zurückgewiesen werden. Diese Forschung basiert auf natürlichen Daten und macht Aussagen über aggregierte

Situationsspuren – ohne an Praxis teilzunehmen, mit digitalen Methoden und Computational Methods als Instrumente des Kartografierens.

Gewiss bringen digitale Infrastrukturen neue quasi-räumliche, abgegrenzte Gebilde hervor, die als *sites* weiterhin situiert beforscht werden können (und sollen). Im Unterschied zum physischen Raum sind digitale Räume jedoch fast immer auch Archive. Dem Marktplatz einer Stadt ist nur bedingt anzusehen, welche Situationen sich auf ihm gestern, vorgestern oder vor einem Jahr ereignet haben. In Digitalmedien ist das – oft – anders. Auf Plattformen werden, etwa über Hashtags oder Kommentarleisten bottom-up soziale Aggregate erzeugt, deren „Stoff" viele einzelne Situationen sind, in denen raum-zeitlich gebunden kommuniziert und interagiert wurde. Dabei werden permanent digitale Daten erzeugt, in denen multiple Situationsbezüge aufgeschichtet und ineinander verschachtelt sind und die trotz Dynamik, Reduktion und Datenverlust oft über längere Zeiten einsehbar sind.

Das konzeptuelle Gegenbild zur raum-zeitlich gebundenen Interaktion *in situ* als mikrosoziologisch dominanten Ausgangspunkt der Praxisforschung, ist das verschachtelte Situationsgefüge: ein Makro-Gebilde, das trotz aller Übersetzung und Grenzen der Rückverfolgung seine Verbindung zu den sie konstituierenden (situierten) kommunikativen Aktivitäten aufrechterhält. Follower- und Verweis-Strukturen, Kommentar-Listen, Ratings – sie alle emergieren aus Mikro-Aktivitäten und formieren gemeinsam ein (sich im Zeitverlauf wandelndes) Geflecht von Verbindungen. Quasi-materielle Operatoren bestimmen ebenso über die Grenzen seiner potenziellen Extension wie die involvierten Akteur:innen: Ein Hashtag, der nicht (mehr) genutzt wird, bleibt klein oder verliert an Relevanz.

Computational Methods können helfen, beispielsweise diskursive Strukturen und Muster von Hashtag-Öffentlichkeiten oder Medienereignissen sichtbar zu machen. Ein Hashtag ist qua Sedimentierung von teils hunderttausend- oder millionenfachen Mikrohandlungen als verschachtelter Mikrokosmos vorzustellen (Pfetsch et al. 2021). Computational Methods bieten neue Wege des Beschreibens. Auch vor Digitalisierung und Mediatisierung war Ethnografie keine geschlossene, vorab klar ausdefinierte Methode, sondern beinhaltete immer die Möglichkeit, verschiedene Zugänge, Materialien und Dokumente als Basis für (dichte) Beschreibung zu verknüpfen. Innerhalb praxistheoretischer Ansätze der ersten Generation hat vor allem Pierre Bourdieu (1982) vorgemacht, wie mit dem Mittel der Sozialstatistik gearbeitet, und dennoch eine beobachtende Forschungshaltung eingenommen werden kann (Schmidt 2012, S. 252–261). Aus der Verknüpfung von ethnografischer Beobachtung, genuin qualitativen Vorgehensweisen sowie Computational Methods als „vectors for fieldwork" (Beaulieu 2017) emergieren neue Perspektiven für die praxistheoretische Forschung. Methoden wie Soziale Netzwerkanalysen, Heatmaps oder Textmining-Analysen (Caliandro 2018) ersetzen nicht den praxistheoretischen Anspruch, aus konkreten, situativen Konstellationen und Handlungsverkettungen zu lernen. Aber sie können, etwa als „mixed-methods approach", „network ethnography" (Reißmann et al. 2022; Robinson und Anderson 2020) oder „computational ethnography" (Abramson et al. 2018), helfen, *bigger pictures* zu zeichnen.

Generell schlägt Davide Nicolini (2009) vor, praxistheoretisches Forschen als (iterativen) Prozess zu konzipieren, in dem Strategien des „zooming in" und des „zooming out" ineinandergreifen. Im organisationssoziologischen Kontext verortet, verbleibt sein Ansatz im qualitativen Paradigma. Zooming out meint entsprechend komparatistische Interpretationstechniken, durch die beispielsweise Verbindungen zwischen situierten Praktiken und ihren trans-lokalen Effekten sichtbar werden. Für die Ethnografie digitaler Medien und öffentlicher Kommunikationsflüsse sind Computational Methods zusätzliche Zooming out-Werkzeuge, die es im Bestfall ermöglichen, Praktiken im größeren Maßstab zu verorten bzw. sichtbar zu machen. Selbstverständlich sind die Gestaltungsprinzipien dieser neuen Palette an Instrumenten – wie ihre Vorläufer: das ethnografische Protokoll, Fotodokumentationen oder ethnografische Filme – als „artful constructions" mitzudenken: Kein:e einzelne empirische Akteur:in „erlebt" einen Hashtag in Form eines visuellen sozialen Netzwerks. Gleichwohl geben solche Kartografierungsinstrumente den Forschenden Orientierungen, wo sie ansetzen oder weitermachen sollten.

Das Changieren zwischen verschiedenen Teilhabeformen, Analysemethoden und Blickrichtungen erzeugt heterogene Datenbestände, die nicht ohne Weiteres vergleichbar oder einander zugehörig sind. Je weiter wir uns dabei als Forschende von der situativen Vollzugswirklichkeit (die wir über klassische und digitale Formen der Teilnahme und Beobachtung einholen können) entfernen, desto mehr sind wir es selbst, die Größe, Ausschnitt und Perspektive auf das Geflecht bestimmen. Mit Computational Methods lassen sich die andernfalls größtenteils schweigsam ineinander verschachtelten Daten zum Sprechen und zum Sehen bringen – dabei reduzieren wir, bilden Praxis mathematisch ab, visualisieren in Netzwerken etc.

Als Praxisforschende müssen wir gewahr bleiben, dass diese Form der Rekonstruktion ehemals situativ hergestellter Verbindungen Artefakte sind, mehr kunstvolle Darstellung als Abbildung. Und wir müssen auch sensibel dafür bleiben, dass wir zur Produktion wie Rekonstruktion dieser Aggregate angewiesen sind auf ihre Archivierung. Eine Plattform, die wie etwa TikTok Flüchtigkeit zum Prinzip erhoben hat, erschwert die materielle Stabilisierung. Dass die Aufführungen von Praktiken technisch quasi verbindungslos bleiben, heißt aber natürlich nicht, dass keine Verbindungen bestehen. Vielmehr werden sie rhizomartig aufgeführt, mit den menschlichen Körpern als Vermittlern, die dieses oder jenes gesehen haben und selbst aufführen, damit wiederum andere User anstecken usw. Die Persistenz von Daten birgt das Risiko, die vergleichsweise hohe Stabilität technisch dokumentierter Praxis überzubetonen, und die Fluidität und Kontingenz von Alltagspraxis und die weniger gut sicht- und beobachtbaren Umwege von Praktiken zu unterschätzen. Und wer wiederum über welche Praktiken in welcher Intensität an diesen Aggregaten partizipiert (hat), ist noch eine ganz andere Frage.

Eine breiter aufgestellte Medienpraxisforschung, die sich vom situationistischen Ideal löst, sollte über ein skalierbares Verständnis davon verfügen, was sie als Situation zu fassen in der Lage ist, und wie die Blickweisen ineinandergreifen. Anregungen für einen methodologisch kontrollierten Umgang mit der Komplexität und Vielschichtigkeit von Situationen gibt Adele Clarkes „Situations-Analyse" (Clarke 2009; Clarke et al. 2018). Diese postmoderne Weiterentwicklung der Grounded Theory-Methodologie löst sich vom Fokus auf menschliches Handeln und Interagieren, integriert non-humane Agency ebenso wie Diskurse und Diskurspositionen als Elemente von Situationen. Ein wesentlicher Bestandteil des methodischen Vorgehens ist das Erstellen von Karten, mit verschiedenen analytischen Schwerpunkten, während des gesamten Forschungsprozesses.

Clarke unterscheidet drei Kartentypen. „Situations-Maps" sortieren in einem weiten Verständnis zunächst alle an der Situation beteiligten Elemente. Das gleichnamige Konzept von Anselm Strauss integrierend geht es in „Soziale Welten/Arena-Maps" darum, die Verhandlungsorte und Schauplätze – viele ihrer Beispiele kreisen um Krankenhäuser und ihre Subwelten von Management bis Arzt-Patient:innen-Beziehungen – und den sozialen Sinn der Situation zu erfassen. „Positions-Maps" versuchen schließlich, Machtrelationen darzustellen, weniger auf individueller Ebene als hinsichtlich dominanter Narrative und Diskurspositionen. Clarkes Ansatz hat eine spezifische Herkunft, ihre Wurzeln liegen im interpretativen Paradigma und dem Symbolischen Interaktionismus. Die Methode konvergiert aber durchaus mit dem praxistheoretischen Programm, etwa mit der Betonung inkorporierten Wissens, und der antidualistischen Zurückweisung einer Unterteilung in situations-interne Elemente (z. B. Menschen und ihre Handlungspläne) und einem externen, strukturellen Kontext. Situation im Verständnis von Clarke beinhaltet immer alles, was relevant für diese ist.

Die Stoßrichtungen der Kartentypen, die jeweils andere Suchbewegungen ausdrücken, lassen sich produktiv auf die Analyse von digitalen Kommunikations- und Medienpraktiken übertragen. Mit ihrer Hilfe lassen sich Erkenntnisse sowohl der Daten, die aus Teilnahme, Beobachtung und Gespräch emergieren, als auch solche, die über die statistische und automatisierte Auswertung sozialer Aggregate in den Blick geraten (z. B. Dynamiken und Lautstärke von Diskurspositionen), miteinander verknüpfen. Konzeptuell brechen die Maps mit der Mikro-Makro-Dualität, zeigen aber gleichsam Wege an, um per zooming-in näher an die Vollzugswirklichkeit in ganz konkreten Situationen zu gelangen, und umgekehrt, denn die Gefahr besteht ja, im zooming-out der sozialen Aggregate jene nicht zu vergessen.

Agency, KI und Datafizierung: Praxistheorien – jetzt erst recht!

6

Praxistheorien haben kein exklusives Anwendungsfeld, sie sind nicht auf bestimmte Medien oder Arten der Kommunikation festgelegt. Im Grunde können alle Gegenstände und Bereiche der Kommunikationswissenschaft und Medienanalyse von einer praxistheoretischen Sicht aus betrachtet und erforscht werden. Die vergangenen ungefähr 100 Seiten sind ein Plädoyer, dies verstärkt auch zu tun. Dahinter steht die Einsicht, dass praxistheoretische Perspektiven auf die drei großen, fortwährenden Metafragen nach der Integration von Mikroaktivitäten und Makrostrukturen, nach Konstanz und Wandel sowie Bedeutung, Sinn und Materialität konzeptionell überzeugende, integrative Mittelstellungen einnehmen. Praxistheoretisch orientiert nehmen wir als Forschende gewisse Aspekte eher wahr als andere – die an Körper gebundenen Routinen, mit denen Medien angeeignet und hergestellt werden, die dazu erforderlichen Kompetenzen und Fertigkeiten und die so im Praxisvollzug miteinander verknüpften Technologien, Praxisteilnehmenden und Wissensbestände. Aus Sicht der Autoren dieser Einführung tritt das praxistheoretische Programm das legitime Erbe der an den Cultural Studies orientierten, handlungs- und aneignungstheoretisch begründeten Mediensoziologie an, indem es deren Perspektivumkehr von Medienstrukturen auf alltags- und lebensweltliche Sinn- und Bedeutungsproduktion, ein zweites Mal, vom Kopf auf die Füße stellt: Die Etablierung des sozialtheoretischen Basisbegriffs

(Medien-)Praktiken bricht den latenten Individual- und Bedeutungszentrismus auf und lenkt das Augenmerk der Kommunikations- und Medienforschung konsequent auf die Frage „Was *machen* Menschen *und* Medien?".

Dies geschieht in einer Zeit, in der die Agency von Medien- und Informationstechnologien – fernab sozial- und wissenschaftstheoretischer Konjunkturen – selbst an Bedeutung zunimmt und nach Jahrzehnten der (Science) Fiktion sich tatsächlich aufschwingt, als epistemische Akteurin in Erscheinung zu treten und an Handlungsmacht zu gewinnen. Theoretisch-konzeptionell ist die praxistheoretische Perspektive vermutlich besser als jede andere geeignet, das Wechselspiel der verschiedenen an ‚Handeln' beteiligten Elemente und Entitäten nachzuzeichnen. Diese Sensibilität ist dabei nicht als anti-humanistische Bewegung misszuverstehen, eher als realistischer Blick auf die Vollzugswirklichkeit, in der Subjekte, Dinge und Umgebungsmerkmale gemeinsam in Aktion treten. Technologien, Geräte und (digitale) Umgebungen praxistheoretisch als gemachte und gewordene Dinge und Architekturen zu verstehen, die immer auch anders denk- und gestaltbar sind und von Menschen verändert werden können, spricht ihnen weder Wirkmacht noch Prägekraft ab. Im Gegenteil, eine praxistheoretische Perspektive hilft dabei, die Handlungsspielräume für humane Agency näher zu bestimmen und auf dieser Basis Korridore der ‚Selbstbestimmung' und des Primats menschlicher Entscheidung (wieder) zu vergrößern.

Mit Blick auf ihre methodischen Zugriffe befindet sich die praxistheoretische Digitalforschung bzw. die digitale Praxisforschung in einer spannenden Phase der Transformation und Neujustierung. Gemäß den im Buch explizierten theoretischen Setzungen und Forschungsidealen überwiegen qualitativ orientierte Studien, die die Wichtigkeit nicht-standardisierter Methoden betonen, ohne die sich die Vollzugswirklichkeit von Medienpraktiken, ihre Rekursivität und Relationalität, schwer erfassen ließe. Angesichts dieser Ausrichtung stellt sich die Frage, ob ein praxistheoretisches Vorgehen überhaupt geeignet ist, um aktuelle Phänomene etwa von Automatisierung und KI überhaupt zu erfassen. Welchen Platz hat eine solche Perspektive in Anbetracht einer „tiefgreifenden Mediatisierung" (Hepp 2021), dominiert von Datafizierung, zusehends autonomer werdenden Technologien und algorithmisch operierenden Plattformen? Was hat Praxistheorie beispielsweise zu ChatGPT zu sagen? Oder was kann sie dazu beitragen, Mensch-Maschine-Kommunikation zu verbessern? Im Blick auf die enormen Datenmengen, die im alltäglichen Kommunizieren anfallen – und die abseits von uns auch beständig von Mobiltelefonen und smarten Geräten produziert und geteilt werden (Brunton 2019) –, steht die Berechtigung, weiterhin praxistheoretisch inspiriert zu forschen, in Frage. Berechtigten Zulauf hat demgegenüber das Feld der Computational Communication Science (Haim 2023). Hier ergeben sich analytische Chancen und Erkenntnismöglichkeiten, die für praxistheoretische Arbeiten mit ihren konzeptuellen Schwerpunkten und ihrem methodischen Standardrepertoire nicht ohne Weiteres zugänglich sind.

Selbstverständlich aber ist die praxistheoretische Perspektive, zu der wir hier einladen, nicht passé. Gerade die fortschreitende Automatisierung von Medien (Andrejevic 2020) und die zahlreicher werdenden kommunikativen Anwendungen von KI erfordern eine Betrachtungsweise, die sich damit befasst, wie diese Technologien gebaut und eingesetzt werden. Entgegen übereiliger Vorstellungen, dass die Maschinen nun übernähmen, ergeben sich zum einen neue Umgangs- und Nutzungsweisen, die es zu erkunden gilt. Zum anderen sind die Zusammenhänge, in denen die medientechnischen Innovationen und die selbstlernenden, datenbasierten Anwendungen gestaltet und gewartet werden, zu beleuchten. Kommunikative KI, Chatbots und autonome Roboter kommen nicht ohne Bediener:innen aus, sondern erfordern vielfältige Eingriffe. Zu dieser Art von „ghost work" (Gray und Suri 2019), die oft ausgeblendet wird, zählt zum Beispiel das manuelle Einordnen und Kuratieren von Inhalten auf Plattformen, die Wartung und Konfiguration von sozialen Robotern oder das Bereinigen von Datensätzen. Ein weiteres, aktuelles Beispiel, wo praxeologische, medienethnografische Zugänge zum Einsatz kommen können, ist im Kontext generativer Medien das „prompt engineering", das sich gegenwärtig zu einem neuen Feld professionellen Technikhandelns zur Produktion medialer Repräsentationen entwickelt. Die hier und andernorts geleistete Arbeit ist essenziell für das Funktionieren der neuen Technologien und es braucht auch praxistheoretische Ansätze, um sie zu erkunden und sichtbar zu machen.

Zum Dritten wollen wir, wie im letzten Kapitel ausgeführt, dazu einladen, Daten- und Digitalpraktiken nicht nur teilnehmend zu beobachten, sondern im Dialog mit Computational Social Science Wege zu sondieren, wie computergestützte Methoden in praxistheoretischen Untersuchungssettings gewinnbringend einzusetzen sind, als eigene Kategorie von ‚Beobachtungs'-Werkzeugen. Dieser Dialog steht am Anfang und verspricht einen Mehrwert für beide Seiten. Als sozialtheoretisches Basiskonzept weist der Praktikenbegriff auch für die Computational Social Science großes Potenzial auf, gerade weil die Daten, die sie analysiert, immer schon hybrid, im Zusammenspiel von humaner und technisch-materieller Agency entstanden sind.

Durch den praxistheoretischen Fokus auf die Vollzugswirklichkeit menschlicher und technischer Akteure werden somit in einem ersten Schritt Befunde, die mittels datenbasierter computergestützter Analysemethoden gewonnen werden, ergänzt und erweitert. Das Potenzial einer praxistheoretischen Kommunikations- und Medienforschung ist mit der Aussicht auf eine dichtere Beschreibung von Agency allerdings längst nicht ausgeschöpft. Die Konzentration auf die Vollzugswirklichkeit ist nicht allein ein komplementärer Baustein, sondern offeriert – in einem zweiten Schritt – Ansatzpunkte für eine praxisnahe, forschungsfeldübergreifende Reflexion und Diskussion normativer und technischer Fragen (Craig 2018), die auf Gestaltbarkeit (Empowerment) medienvermittelter und medienbezogener Kommunikationspraktiken zielen. Ein vielversprechender Ansatzpunkt ist in diesem Zusammenhang beispielsweise die systematische Erforschung von Unterschieden der Praktiken von Medienproduktion, -aneignung und -nutzung. Beispiele für solche Unterschiede haben wir weiter oben bereits für die Mobilisierung von zivilgesellschaftlichem Protest, für Produktion und Konsumption journalistischer Inhalte sowie die Nutzung sozialer Netzwerke angeführt. Aufgabe einer konsolidierten praxistheoretischen Perspektive der Kommunikations- und Medienforschung ist es nun, die Alltagskontexte, die Hinderungs- und

Gelingensbedingungen für strategische und taktische Veränderung von Kommunikationspraktiken herauszuarbeiten. Dadurch ließen sich – im Sinne der dichteren Beschreibung von Agency – die oftmals strukturorientierten Befunde politisch-ökonomischer Analysen von Überwachungskapitalismus und Datenkolonialismus, Plattform- und Infrastrukturstudien erweitern (Gentzel und Wimmer 2023). Weiterführend – im Sinne von Empowerment – ließen sich Kompetenzen, normative Selbst- und Weltverständnisse ergründen, die der Reproduktion und Routine gesellschaftlich ungewollter und individuell entfremdeter Praxisvollzüge entgegenstehen. Oder progressiver formuliert: Die Analyse von Praktiken ermöglicht Einsichten in die sozialen und kulturellen, technischen und individuellen Kontextbedingungen von performativen Praktiken beispielsweise des Protests und Widerstands.

Empirisch angeleitet ließe sich darauf aufbauend der disziplinäre Diskurs über normative Orientierung sozialwissenschaftlicher Kommunikations- und Medienanalysen intensivieren. Gegenwärtig erscheint die Interpretation analytischer Befunde vor dem Hintergrund von Konzepten des guten Lebens, Nachhaltigkeit, (Daten-)Souveränität oder deliberativen Öffentlichkeitsvorstellungen insgesamt eher ein ‚nice to have', statt integraler Bestandteil zu sein – ebenso wie Begründung und Wille zu oder Kritik an einem „transformativen" Selbstverständnis der Disziplin. Ein weiterer Effekt des skizzierten Zusammenrückens von epistemischen und alltäglichen Praktiken sowie der Erforschung der Diversität von Kompetenzen, Konstruktionsarbeit und Bedeutungszuweisung ist die Stärkung gesellschaftlicher Relevanz und Expertise, kritischer Leistungsfähigkeit und damit nicht zuletzt der gesellschaftspolitischen, kulturellen und öffentlichen Legitimation disziplinärer Forschung.

Literatur

Abramson, C. M., Joslyn, J., Rendle, K. A., Garrett, S. B., & Dohan, D. (2018). The Promises of Computational Ethnography. Improving Transparency, Replicability, and Validity for Realist Approaches to Ethnographic Analysis. *Ethnography*, *19*(2), 254–284. https://doi.org/10.1177/1466138117725340

Acland, C. R. (2015). Consumer Electronics and the Building of an Entertainment Infrastructure. In Parks, L., & Starosielski, N. (Hrsg). *Signal Traffic. Critical Studies of Media Infrastructure* (S. 246–278). University of Illinois Press.

Adolf, M. (2007). Die Medienkulturwissenschaft der Cultural Studies. *Österreichische Zeitschrift für Soziologie*, *32*(4), 66–89. https://doi.org/10.1007/s11614-007-0033-1

Ahva, L. (2017). Practice Theory for Journalism Studies. *Journalism Studies*, *18*(12), 1523–1541. https://doi.org/10.1080/1461670X.2016.1139464

Ahva, L. (2021). *Studying Dispersed Journalism: The Method of Practice Stories*. Unveröffentlichter Vortrag im Panel "Practice-based methodologies for digital journalism studies" im Rahmen der ICA 2021.

Alkemeyer, T., Schürmann, V., & Volbers, J. (Hrsg.). (2015). *Praxis denken. Konzepte und Kritik*. Springer VS.

Alkemeyer, T., & Buschmann, N. (2016). Praktiken der Subjektivierung – Subjektivierung als Praxis. In H. Schäfer (Hrsg.), *Praxistheorie. Ein soziologisches Forschungsprogramm* (S. 115–136). transcript.

Ammann, K., & Hirschauer, S. (1997). Die Befremdung der eigenen Kultur. Ein Programm. In S. Hirschauer, & K. Amann (Hrsg.), *Die Befremdung der eigenen Kultur. Zur ethnographischen Herausforderung soziologischer Empirie* (S. 7–52). Suhrkamp.

Anderson, C. W. (2020). Practice, Interpretation, and Meaning in Today's Digital Media Ecosystem. *Journalism & Mass Communication Quarterly*, *97*(2), 342–359. https://doi.org/10.1177/1077699020916807

Andrejevic, M. (2020). *Automated Media*. Routledge.
Ang, I. (1986). *Das Gefühl „Dallas". Zur Produktion des Trivialen*. Daedalus-Verlag.
Ang, I. (2008) Radikaler Kontextualismus und Ethnografie in der Rezeptionsforschung. In A. Hepp, & C. Winter (Hrsg.), *Kultur – Medien – Macht* (S. 61–80). VS
Ayaß, R. (2016). Medienethnografie. In S. Averbeck-Lietz & M. Meyen (Hrsg.), *Handbuch nicht standardisierte Methoden in der Kommunikationswissenschaft* (S. 335–346). Springer.
Ayaß, R. (2019). Medien als Schutz vor Interaktionen. In S. Hauser, R. Opilowski, & E. L. Wyss (Hrsg.), *Edition Medienwissenschaft* (S. 81–108). transcript.
Baack, S. (2018). Civic Tech at mySociety. How the Imagined Affordances of Data Shape Data Activism. *Krisis, 2018*(1), 44–56.
Bachmair, B. (1990). Alltag als Gegenstand von Fernsehforschung. In B. Bachmair & M. Charlton (Hrsg.), *Medienkommunikation im Alltag* (S. 57–75). K. G. Saur.
Bachmann, G., & Wittel, A. (2011). Medienethnographie. In R. Ayaß & J. Bergmann (Hrsg.), *Qualitative Methoden der Medienforschung* (S. 183–219). Verlag für Gesprächsforschung.
Bakardjieva, M. (2020). New Paradigm or Sensitizing Concept. Finding the Proper Place of Practice Theory in Media Studies. *International Journal of Communication, 14*. https://ijoc.org/index.php/ijoc/article/view/11203
Banks, S. P., & Riley, P. (1993). Structuration Theory as an Ontology for Communication Research. In S. A. Deetz (Hrsg.), *Communication Yearbook 16* (S. 167–196). Routledge.
Bareis, J., & Katzenbach, C. (2021). Talking AI into Being: The Narratives and Imaginaries of AI Strategies and Their Performative *Politics. Science, Technology and Human Values, 47*(5), 855–881. https://doi.org/10.1177/01622439211030007
Baumann, Z. (2003). *Flüchtige Moderne*. Suhrkamp.
Bausinger, H. (1983). Alltag, Technik, Medien. In H. Pross & C.-D. Rath (Hrsg.), *Rituale der Medienkommunikation* (S. 24–36). Guttandin & Hopp.
Baym, N. K. (1994). From Practice to Culture on Usenet. *The Sociological Review, 42*(1), 29–52. https://doi.org/10.1111/j.1467-954X.1994.tb03408.x
Beaulieu, A. (2017). Vectors for Fieldwork: Computational thinking and New Modes of Ethnography. In L. Hjorth, H. A. Horst, A. Galloway, & G. Bell (Hrsg.), *The Routledge Companion to Digital Ethnography* (S. 29–39). Routledge.
Bennett, W. L., & Iyengar, S. (2008). A New Era of Minimal Effects? The Changing Foundations of Political Communication. *Journal of Communication, 58*(4), 707–731. https://doi.org/10.1111/j.1460-2466.2008.00410.x
Benson, R., & Neveu, E. (2005). *Bourdieu and the Journalistic Field*. Polity.
Berger, P. L., & Luckmann, T. (1966/2004). *Die gesellschaftliche Konstruktion der Wirklichkeit. Eine Theorie der Wissenssoziologie*. Fischer.

Bergmann, J. (2005). Ethnomethodologie. In U. Flick, E. von Kardorff, & I. Steinke (Hrsg.), *Qualitative Forschung. Ein Handbuch* (S. 118–135). Rowohlt.

Bergermann, U., Dommann, M., Schüttpelz, E., Stolow, J., & Taha, N. (Hrsg.) (2021). *Connect and Divide. The Practice Turn in Media Studies*. diaphanes.

Berker, T., Hartmann, M., Punie, Y., & Ward, K. (Hrsg.). (2006). *Domestication of Media and Technology*. Open University Press.

Bhabha, H. K. (2000). *Die Verortung der Kultur*. (J. Freudl & M. Schiffmann, Übers.). Stauffenburg.

Bialski, P., Brunton, F., & Bunz, M. (2019). *Communication (In Search of Media)*. University of Minnesota Press.

Bloomfield, B. P., Latham, Y., & Vurdubakis, T. (2010). Bodies, Technologies and Action Possibilities. When is an Affordance? *Sociology*, *44*(3), 415–433. https://doi.org/10.1177/0038038510362469

Bloor, D. (2001). Wittgenstein and the priority of practice. In T. R. Schatzki, K. Knoor-Cetina, & E. von Savigny (Hrsg.), *The Practice Turn in Contemporary Theory* (S. 96–106). Routledge.

Boczkowski, P. J. (1999). Mutual Shaping of Users and Technologies in a National Virtual Community. *Journal of Communication*, *49*(2), 86–108. https://doi.org/10.1111/j.1460-2466.1999.tb02795.x

Boczkowski, P. J. (2004). The Mutual Shaping of Technology and Society in Videotex Newspapers: Beyond the Diffusion and Social Shaping Perspectives. *The Information Society, 20*(4), 255–267. https://doi.org/10.1080/01972240490480947

Boczkowski, P. J. (2010). *News at Work. Imitation in an Age of Information Abundance*. University of Chicago Press.

Boczkowski, P. J., Suenzo, F., Mitchelstein, E., Kligler-Vilenchik, N., Tenenboim-Weinblatt, K., Hayashi, K., & Villi, M. (2022). From the Barbecue to the Sauna. A Comparative Account of the Folding of Media Reception into the Everyday Life. *New Media & Society*, *24*(12), 2725–2742. https://doi.org/10.1177/14614448211000314

Bohnsack, R. (2014). *Rekonstruktive Sozialforschung. Einführung in qualitative Methoden*. Verlag Barbara Budrich.

Bongaerts, G. (2007). Soziale Praxis und Verhalten. Überlegungen zum Practice Turn in Social Theory. *Zeitschrift für Soziologie*, *36*(4), 246–260. https://doi.org/10.1515/zfsoz-2007-0401

Bonini, T., & Gandini, A. (2020). The Field as a Black Box. Ethnographic Research in the Age of Platforms. *Social Media + Society*, *6*(4), https://doi.org/10.1177/2056305120984477

Bourdieu, P. (1979). *Entwurf einer Theorie der Praxis. Auf der ethnologischen Grundlage der kabylischen Gesellschaft*. Suhrkamp.

Bourdieu, P. (1982). *Die feinen Unterschiede. Kritik der gesellschaftlichen Urteilskraft*. Suhrkamp.

Bourdieu, P. (1985). *Sozialer Raum und »Klassen«. Zwei Vorlesungen* (3. Aufl.). Suhrkamp.

Bourdieu, P. (1987). *Sozialer Sinn. Kritik der theoretischen Vernunft*. Suhrkamp.

Bourdieu, P. (1998). *Praktische Vernunft*. Suhrkamp.

Bourdieu, P. (2001). *Meditationen. Zur Kritik der scholastischen Vernunft*. Suhrkamp.

Bourdieu, P. (2005). *Die verborgenen Mechanismen der Macht* (2. Aufl.). VSA.

Bowker, G. C., & Star, S. L. (1999). *Sorting Things Out. Classification and Its Consequences*. Cambridge. MIT Press.

Bräuchler, B., & Postill, J. (Hrsg.). (2010). *Theorising Media and Practice*. Berghahn Books.

Breidenstein, G., Hirschauer, S., Kalthoff, H., & Nieswand, B. (2020). *Ethnografie. Die Praxis der Feldforschung*. UTB.

Brunton, F. (2019). Hello from Earth. In P. Bialksi, F. Brunton, & M. Bunz (Hrsg.), *Communication (In Search of Media)* (S. 1–49). University of Minnesota Press.

Bucher, T. (2018). *If...Then. Algorithmic Power and Politics*. Oxford University Press.

Bucher, T. (2019). The algorithmic imaginary: Exploring the Ordinary Affects of Facebook Algorithms. In D. Beer (Hrsg.), *The Social Power of Algorithms* (S. 30–44). Routledge.

Burchell, K., Driessens, O., & Mattoni, A. (2020). Practicing Media – Mediating Practice. Introduction. *International Journal of Communication, 14*. https://ijoc.org/index.php/ijoc/article/view/11202

Burrell, J. (2016). How the Machine 'Thinks': Understanding Opacity in Machine Learning Algorithms. *Big Data & Society, 3*(1). https://doi.org/10.1177/2053951715622512

Buschow, C. (2020). Practice-driven Journalism Research. Impulses for a Dynamic Understanding of Journalism in the Context of its Reorganization. *Studies in Communication Sciences, 20*(2), 227–241. https://doi.org/10.24434/j.scoms.2020.02.006

Butler, J. (1993). *Bodies That Matter. On the Discursive Limits of „Sex"*. Routledge.

Cabantous, L., Gond, J.-P., & Johnson-Cramer, M. (2010). Decision Theory as Practice: Crafting Rationality in Organizations. *Organization Studies, 31*(11), 1531–1566. https://doi.org/10.1177/0170840610380804

Caliandro, A. (2018). Digital Methods for Ethnography. Analytical Concepts for Ethnographers Exploring Social Media Environments. *Journal of Contemporary Ethnography, 45*(7), 551–578. https://doi.org/10.1177/0891241617702960

Carey, J. W. (2009). *Communication as Culture. Essays on Media and Society*. Routledge.

Carmi, E. (2020). Rhythmedia. A Study of Facebook Immune System. *Theory, Culture & Society, 37*(5), 119–138. https://doi.org/10.1177/0263276420917466

Cassirer, E. (2007). *Versuch über den Menschen*. Felix Meiner.

Chadwick, A. (2017). *The Hybrid Media System. Politics and Power*. Oxford University Press.

Chun, W. H. K. (2016). *Updating to Remain the Same. Habitual New Media*. The MIT Press.

Clarke, A. (2009). From Grounded Theory to Situational Analysis. In J. M. Morse (Hrsg.), *Developing Grounded Theory. The Second Generation Revisited* (S. 194–233). Left Coast Press.

Clarke, A., Friese, C., & Washburn, R. S. (2018). *Situational Analysis: Grounded Theory After the Interpretive Turn*. Sage.

Clifford, J. (1993). Über ethnographische Autorität. In M. Fuchs & E. Berg (Hrsg.), *Kultur, soziale Praxis, Text* (S. 109–152). Suhrkamp.

Cooren, F. (2004). Textual Agency: How Texts Do Things in Organizational Settings. *Organization, 11*(3), 373–393. https://doi.org/10.1177/1350508404041998

Cooren, F., Kuhn, T., Cornelissen, J. P., & Clark, T. (2011). Communication, Organizing and Organization: An Overview and Introduction to the Special Issue. *Organization Studies, 32*(9), 1149–1170. https://doi.org/10.1177/0170840611410836

Costa, E. (2018). Affordances-In-Practice. An Ethnographic Critique of Social Media Logic and Context Collapse. *New Media & Society, 20*(10), 3641–3656. https://doi.org/10.1177/1461444818756290

Cottle, S. (2000). New(s) Times. Towards a 'Second Wave' of News Ethnography. *Communications, 25*(1). https://doi.org/10.1515/comm.2000.25.1.19

Couldry, N. (2003). Media Meta-Capital. Extending the Range of Bourdieu's Field Theory. *Theory and Society, 32*(5/6), 653–677. https://www.jstor.org/stable/3649655

Couldry, N. (2004). Theorising Media as Practice. *Social Semiotics, 14*(2), 115–132. https://doi.org/10.1080/1035033042000238295

Couldry, N. (2006). Akteur-Netzwerk-Theorie und Medien: Über Bedingungen und Grenzen von Konnektivitäten und Verbindungen. In A. Hepp, F. Krotz, S. Moores, & C. Winter (Hrsg.), *Konnektivität, Netzwerk und Fluss. Konzepte gegenwärtiger Medien-, Kommunikations- und Kulturtheorie* (S. 107–117). VS.

Couldry, N. (2012). *Media, Society, World. Social Theory and Digital Media Practice*. Polity.

Couldry, N. (2020). Recovering Critique in an Age of Datafication. *New Media & Society, 22*(7), 1135–1151. https://doi.org/10.1177/1461444820912536

Couldry, N., & Hepp, A. (2017). *The Mediated Construction of Reality*. Polity.

Craig, R. T. (2005). Communication as a Practice. In G. Shepherd, J. St. John, & T. Striphas (Hrsg.), *Communication as... Perspectives on Theory* (S. 38–48). Sage. https://doi.org/10.4135/9781483329055.n5

Craig, R. T. (2018). For a Practical Discipline. *Journal of Communication, 68*(2), 289–297. https://doi.org/10.1093/joc/jqx013

Dahlgren, P. (2013). Tracking the Civic Subject in the Media Landscape. Versions of the Democratic Ideal. *Television & New Media, 14*(1), 71–88. https://doi.org/10.1177/1527476412458809

Dang-Anh, M., Einspänner, J., & Thimm, C. (2013). Kontextualisierung durch Hashtags. Die Mediatisierung des politischen Sprachgebrauchs im Internet. In H. Diekmannshenke & T. Niehr (Hrsg.), *Öffentliche Wörter: Analysen zum öffentlich-medialen Sprachgebrauch* (S. 137–159). ibidem.

Dang-Anh, M., Pfeifer, S., Reisner, C., & Villioth, L. (2017). Medienpraktiken. Situieren, erforschen, reflektieren. Eine Einleitung. *Navigationen – Zeitschrift für Medien- und Kulturwissenschaften, 1*, 7–36.

de Certeau, M. (1988). *Kunst des Handelns*. Merve.
Deuze, M. (2007). *Media Life*. Polity.
Deuze, M., & Witschge, T. (2019). *Beyond Journalism*. Polity.
Dreyfus, H. L. (1991). *Being-in-the-world. A Commentary on Heideggers Being and Time Division I*. MIT Press.
Dreyfus, H. L. (2001). How Heidegger Defends the Possibility of a Correspondence Theory of Truth with Respect to Entities of Natural Science. In T. R Schatzki, K. Knoor-Cetina, & E. von Savigny (Hrsg.). *The Practice Turn in Contemporary Theory* (S. 151–162). Routledge.
Diaz-Bone, R. (2010). *Kulturwelt, Diskurs und Lebensstil. Eine Diskurstheoretische Erweiterung der Bourdieuschen Distinktionstheorie*. VS Verlag für Sozialwissenschaften.
DiMaggio, P. J., & Powell, W. W. (1983). The Iron Cage Revisited: Institutional Isomorphism and Collective Rationality in Organizational Fields. *American Sociological Review, 48*(2), 147–160.
Donges, P. (2006). Medien als Institutionen und ihre Auswirkungen auf Organisationen. Perspektiven des soziologischen Neo-Institutionalismus für die Kommunikationswissenschaft. *Medien & Kommunikationswissenschaft, 54*(4), 563–578.
Driessens, O., Raeymaeckers, K., Verstraeten, H., & Vandenbussche, S. (2010). Personalization According to Politicians. A Practice Theoretical Analysis of Mediatization. *Communications, 35*(3). https://doi.org/10.1515/comm.2010.017
du Gay, P., Hall, S., & Janes, L. (1996). *Doing Cultural Studies, The Story of the Sony Walkman*. Sage.
Endress, M. (2002). Wider die „Balkanisierung" der Soziologie. Neuere Versuche zu ihrer theoretischen Integration. *Berliner Journal für Soziologie, 12*(1), 127–139. https://doi.org/10.1007/BF03204046
Ernst, J. (2022). Kritik am (Un)Sichtbaren? Medienpädagogische Überlegungen zur alltäglichen Erfahrung als Ausgangspunkt der kritischen Auseinandersetzung mit Algorithmen. *merzWissenschaft, 66*(6), 171–181.
Evans, S. K., Pearce, K. E., Vitak, J., & Treem, J. W. (2017). Explicating Affordances. A Conceptual Framework for Understanding Affordances in Communication Research. *Journal of Computer-Mediated Communication, 22*(1), 35–52. https://doi.org/10.1111/jcc4.12180
Eyal, N. (2014). *Hooked. How to Build Habit-Forming Products*. Penguin.
Fahr, A., & Jandura, O. (Hrsg.). (2013). *Theorieanpassungen in der digitalen Medienwelt*. Nomos.
Fiske, J. (1989). *Understanding Popular Culture* (Reprint Edition). Taylor & Francis.
Flick, U. (2011). Das Episodische Interview. In G. Oelerich & H.-U. Otto (Hrsg.), *Empirische Forschung und Soziale Arbeit: Ein Studienbuch* (S. 273–280). Springer.
Florian, M. (2008). Felder und Institutionen. Der soziologische Neo-Institutionalismus und die Perspektiven einer praxistheoretischen Institutionenanalyse. *Berliner Journal für Soziologie, 18*(1), 129–155. https://doi.org/10.1007/s11609-008-0007-6
Foucault, M. (1973). *Die Ordnung des Diskurses*. Fischer.

Garfinkel, H. (1967). *Studies in Ethnomethodology*. Prentice-Hall.
Geitz, E., Vater, C., & Zimmer-Merkle, S. (Hrsg.). (2020). *Black Boxes. Versiegelungskontexte und Öffnungsversuche. Interdisziplinäre Perspektiven*. de Gruyter.
Gentzel, P. (2015). *Praxistheorie und Mediatisierung. Grundlagen, Perspektiven und eine Kulturgeschichte der Mobilkommunikation*. Springer VS.
Gentzel, P. (2017). Zur Praxis sozialer Interaktion. In D. Hoffmann, F. Krotz, & W. Reißmann (Hrsg.), *Mediatisierung und Mediensozialisation* (S. 247–266). Springer VS.
Gentzel, P. (2019). Materialität, Technik und das Subjekt. Elemente kritischer Kommunikations- und Medienanalyse. In P. Gentzel, F. Krotz, J. Wimmer, & R. Winter (Hrsg.), *Das vergessene Subjekt* (S. 87–113). Springer VS.
Gentzel, P., & Koenen, E. (2012). Moderne Kommunikationswelten: Von den „papiernen Fluten" zur „Mediation of Everything". Ein Beitrag zur disziplinär-kognitiven Identität des kommunikationswissenschaftlichen Forschungsfelds „mediatisierte Kommunikation". *Medien & Kommunikationswissenschaft, 60*(2), 197–217.
Gentzel, P., & Wimmer, J. (2023). Restricted but satisfied: Google Maps and agency in the mundane life. *Convergence, 0*(0). https://doi.org/10.1177/13548565231205869
Gibson, J.J. (1982). *Wahrnehmung und Umwelt*. Urban & Schwarzenberg.
Giddens, A. (1997). *Die Konstitution der Gesellschaft. Grundzüge einer Theorie der Strukturierung* (3. Aufl.). Campus.
Gießmann, S. (2018). Elemente einer Praxistheorie der Medien. *Zeitschrift für Medienwissenschaft, 10*(2), 95–109. https://doi.org/10.14361/zfmw-2018-10021
Gießmann, S., & Burkhardt, M. (2014). Was ist Datenkritik? Zur Einführung. *Mediale Kontrolle unter Beobachtung, Datenkritik,* (1), 1–13.
Gießmann, S., & Taha, N. (2017). *Susan Leigh Star. Grenzobjekte und Medienforschung.* transcript.
Gillespie, M. (1995). *Television, Ethnicity and Cultural Change*. Routledge.
Gillespie, T. (2010). The Politics of "Platforms". *New Media & Society, 12*(3), 347–364. https://doi.org/10.1177/1461444809342738
Gillespie, T. (2018). *Custodians of the Internet. Platforms, Content Moderation, and the Hidden Decisions That Shape Social Media*. Yale University Press.
Goffman, E. (1977). *Rahmen-Analyse. Ein Versuch über die Organisation von Alltagserfahrungen*. Suhrkamp.
Göttlich, U. (2006). *Die Kreativität des Handelns in der Medienaneignung. Zur handlungstheoretischen Kritik der Wirkungs- und Rezeptionsforschung*. UVK.
Göttlich, U. (2010). Der Alltag der Mediatisierung. Eine Skizze zu den praxistheoretischen Herausforderungen der Mediatisierung des kommunikativen Handelns. In M. Hartmann & A. Hepp (Hrsg.), *Die Mediatisierung der Alltagswelt* (S. 23–34). VS Verlag für Sozialwissenschaften.
Gray M. L., & Suri, S. (2019). *Ghost Work: How to Stop Silicon Valley from Building a New Global Underclass*. Houghton Mifflin Harcourt.

Grossberg, L. (2010). *Cultural Studies in the Future Tense*. Duke University Press.
Haim, M. (2023). *Computational Communication Science: Eine Einführung*. Springer VS.
Hall, S. (1980). Encoding/Decoding. In S. Hall, D. Hobson, A. Lowe, & P. Willis (Hrsg.), *Culture, Media, Language* (S. 117–127). Routledge.
Hall, S. (Hrsg.). (1997). *Representation: Cultural Representations and Signifying Practices*. Sage.
Hannerz, U. (2003). Being there... and there... and there! Reflections on Multi-Site Ethnography. *Ethnography*, *4*(2), 201–216. https://doi.org/10.1177/14661381030042003
Hasebrink, U. & Popp, J. (2006). Media repertoires as a result of selective media use. A conceptual approach to the analysis of patterns of exposure. *Communications*, *31*(3), 369–387. https://doi.org/10.1515/COMMUN.2006.023
Hasebrink, U. (2004). Konvergenz aus Nutzerperspektive. In U. Hasebrink, L. Mikos, & E. Prommer (Hrsg.), *Mediennutzung in konvergierenden Medienumgebungen* (S. 67–85). R. Fischer.
Heidegger, M. (1927). *Sein und Zeit*. Niemeyer.
Hepp, A. (1998). *Fernsehaneignung und Alltagsgespräche. Fernsehnutzung aus der Perspektive der Cultural Studies*. Westdeutscher Verlag.
Hepp, A. (2008). Kulturtheorie in der Kommunikations- und Medienwissenschaft. In C. Winter, A. Hepp, & F. Krotz (Hrsg.), *Theorien der Kommunikations- und Medienwissenschaft: Grundlegende Diskussionen, Forschungsfelder und Theorieentwicklungen* (S. 113–137). VS Verlag für Sozialwissenschaften.
Hepp, A. (2010). *Cultural Studies und Medienanalyse. Eine Einführung*. VS Verlag für Sozialwissenschaften.
Hepp, A. (2012). Mediatization and the 'Molding Force' of the Media. *Communications*, *37*(1), 1–28. https://doi.org/10.1515/commun-2012-0001
Hepp, A. (2013). *Medienkultur*. VS Verlag für Sozialwissenschaften.
Hepp, A. (2016). Kommunikations- und Medienwissenschaft in datengetriebenen Zeiten. *Publizistik*, *61*(3), 225–246. https://doi.org/10.1007/s11616-016-0263-y
Hepp, A. (2021). *Auf dem Weg zur digitalen Gesellschaft. Über die tiefgreifende Mediatisierung der sozialen Welt*. Herbert von Halem.
Hepp, A., Krotz, F., Lingenberg, S., & Wimmer, J. (Hrsg.). (2015). *Handbuch Cultural Studies und Medienanalyse*. VS Verlag für Sozialwissenschaften.
Hepp, A., & Winter, R. (Hrsg.). (2008). *Kultur – Medien – Macht. Cultural Studies und Medienanalyse* (3. Aufl.). VS Verlag für Sozialwissenschaften.
Heritage, J. (1984). *Garfinkel and Ethnomethodology*. Polity.
Hesmondhalgh, D., & Toynbee, J. (2008). *The Media and Social Theory*. Routledge.
Hillebrandt, F. (2009). *Praktiken des Tauschens. Zur Soziologie symbolischer Formen der Reziprozität*. VS Verlag für Sozialwissenschaften.
Hillebrandt, F. (2014). *Soziologische Praxistheorien. Eine Einführung*. VS.

Hine, C. (2015). *Ethnography for the Internet. Embedded, Embodied and Everyday*. Routledge.
Hirschauer, S. (2001). Ethnografisches Schreiben und die Schweigsamkeit des Sozialen. *Zeitschrift für Soziologie*, *30*(6), 429–451. https://doi.org/10.1515/zfsoz-2001-0602
Hirschauer, S. (2004). Über materielle Partizipanden des Tuns. In K. H. Hörning & J. Reuter (Hrsg.), *Doing Culture* (S. 73–91). transcript.
Hirschauer, S., & Amann, K. (1997). Die Befremdung der eigenen Kultur: Zur ethnographischen Herausforderung soziologischer Empirie. In S. Hirschauer & K. Amann (Hrsg.), *Die Befremdung der eigenen Kultur* (S. 7–52). Suhrkamp.
Hitzler, R., & Honer, A. (Hrsg.). (1997). *Sozialwissenschaftliche Hermeneutik*. Leske + Budrich.
Hjorth, L., Horst, H., Galloway, A., & Bell, G. (Hrsg.). (2017). *The Routledge Companion to Digital Ethnography*. Routledge.
Hjorth, L., & Pink, S. (2014). New Visualities and the Digital Wayfarer. Reconceptualizing Camera Phone Photography and Locative Media. *Mobile Media & Communication*, *2*(1), 40–57. https://doi.org/10.1177/2050157913505257
Hoffmann, D., Krotz, F., & Reißmann, W. (Hrsg.). (2017). *Mediatisierung und Mediensozialisation. Prozesse – Räume – Praktiken*. Springer VS. https://doi.org/10.1007/978-3-658-14937-6
Höflich, J. (2014). Doing Mobility. Menschen in Bewegung, Aktivitätsmuster, Zwischenräume und mobile Kommunikation. In J. Wimmer & M. Hartmann (Hrsg.), *Medienkommunikation in Bewegung. Medien – Kultur – Kommunikation* (S. 31–45). Springer VS.
Hong, S. (2020). *Technologies of Speculation. The Limits of Knowledge in a Data-Driven Society*. NYU Press.
Hörning, K. H. (2001). *Experten des Alltags. Die Wiederentdeckung des praktischen Wissens*. Velbrück Wissenschaft.
Hörning, Karl H. (2004). Soziale Praxis zwischen Beharrung und Neuschöpfung. Ein Erkenntnis- und Theorieproblem. In K. H. Hörning & J. Reuter (Hrsg.), *Doing Culture. Neue Positionen zum Verhältnis von Kultur und sozialer Praxis* (S. 19–39). transcript.
Hörning, K. H., & Winter, R. (Hrsg.). (1999). *Widerspenstige Kulturen. Cultural Studies als Herausforderung*. Suhrkamp.
Hörning, K. H., & Reuter, J. (Hrsg.). (2004). *Doing Culture. Neue Positionen zum Verhältnis von Kultur und sozialer Praxis*. transcript.
Horkheimer, M., & Adorno, T. W. (1947/2004). *Dialektik der Aufklärung. Philosophische Fragmente*. Fischer.
Hutchby, I. (2001). Technologies, Texts and Affordances. *Sociology*, *35*(2), 441–456. https://doi.org/10.1177/S0038038501000219
Jasanoff, S. (2015). Future Imperfect: Science, Technology, and the Imaginations of Technology. In S. Jasanoff & S.-H. Kim (Hrsg.), *Dreamscapes of Modernity: Sociotechnical Imaginaries and the Fabrication of Power* (1–33). Chicago.
Jasanoff, S., & Kim, S.-H. (2009). Containing the Atom: Sociotechnical Imaginaries and Nuclear Regulation in the U.S. and South Korea. *Minerva*, *47*(2), 119–146.

Jepperson, R. L. (1991). Institutions, Institutional Effects, and Institutionalism. In W. W. Powell & P. J. DiMaggio (Hrsg.), *The New Institutionalism in Organizational Analysis* (S. 143–163). University of Chicago Press.

Joas, H., & Knöbl, W. (2004). *Sozialtheorie. Zwanzig einführende Vorlesungen*. Suhrkamp.

Katz, E., & Foulkes, D. (1962). On the Use of the Mass Media as „Escape". Clarification of a Concept. *The Public Opinion Quarterly, 26*(3), 377–388.

Katzenbach, C. (2017). *Die Regeln digitaler Kommunikation. Governance zwischen Norm, Diskurs und Technik.* Springer VS.

Keller, R. (2011). *Wissenssoziologische Diskursanalyse: Grundlegung eines Forschungsprogramms*. VS Verlag für Sozialwissenschaften.

Kiefer, M.-L. (2010). *Journalismus und Medien als Institutionen*. UVK.

Kirschner, H. (2015). Zurück in den Lehnstuhl. In R. Hitzler & M. Gothe (Hrsg.), *Ethnographische Erkundungen* (S. 211–230). Springer VS.

Kitchin, R. (2017) Thinking Critically About and Researching Algorithms. *Information, Communication & Society, 20*(1),14–29, https://doi.org/10.1080/1369118X.2016.1154087

Knoblauch, H. (2013). Grundbegriffe und Aufgaben des kommunikativen Konstruktivismus. In H. Knoblauch & J. Reichertz (Hrsg.), *Kommunikativer Konstruktivismus* (S. 25–47). Springer VS.

Knoblauch, H. (2019). Kommunikativer Konstruktivismus und die kommunikative Konstruktion der Wirklichkeit, *Zeitschrift für Qualitative Forschung, 19*(1), 111–126. https://doi.org/10.3224/zqf.v20i1.09.

Korn, M., Reißmann, W., Röhl, T., & Sittler, D. (Hrsg.) (2019a). *Infrastructuring Publics*. Springer VS.

Korn, M., Reißmann, W., Röhl, T., & Sittler, D. (2019b). Infrastructuring Publics: A Research Perspective. In M. Korn, W. Reißmann, T. Röhl, & D. Sittler (Hrsg.), *Infrastructuring Publics* (S. 11–47). Springer VS.

Knorr-Cetina, K. (1981/2016). *Die Fabrikation von Erkenntnis. Zur Anthropologie der Naturwissenschaft* (4. Auflage). Suhrkamp.

Knorr-Cetina, K. (1989). Spielarten des Konstruktivismus. Einige Notizen und Anmerkungen. *Soziale Welt, 40*(1/2), 86–96.

Knorr-Cetina, K. (2009). The Synthetic Situation. Interactionism for a Global World. *Symbolic Interaction, 32*(1), 61–87. https://doi.org/10.1525/si.2009.32.1.61

Knorr-Cetina, K., & Bruegger, U. (2002). Global Microstructures. The Virtual Societies of Financial Markets. *American Journal of Sociology, 107*(4), 905–950.

Krämer, B. (2020). *How to do things with the Internet. Handlungstheorie online*. Herbert von Halem.

Krotz, F. (1992). Kommunikation als Teilhabe. Der "Cultural Studies Approach". *Rundfunk und Fernsehen, 40*(3), 412–431.

Krotz, F. (2001). *Die Mediatisierung kommunikativen Handelns. Der Wandel von Alltag und sozialen Beziehungen, Kultur und Gesellschaft durch die Medien.* Westdeutscher Verlag.

Krotz, F. (2008). Handlungstheorien und Symbolischer Interaktionismus als Grundlage kommunikationswissenschaftlicher Forschung. In C. Winter, A. Hepp, & F. Krotz (Hrsg.), *Theorien der Kommunikations- und Medienwissenschaft: Grundlegende Diskussionen, Forschungsfelder und Theorieentwicklungen* (S. 29–47). VS Verlag für Sozialwissenschaften.

Krotz, F. (2014). *Die Mediatisierung kommunikativen Handelns. Der Wandel von Alltag und sozialen Beziehungen, Kultur und Gesellschaft durch die Medien*. Westdeutscher Verlag.

Kubitschko, S. (2018). Acting on Media Technologies and Infrastructures. Expanding the Media as Practice Approach. *Media, Culture & Society, 40*(4), 629–635. https://doi.org/10.1177/0163443717706068

Kubitschko, S., & Knapp, D. (2012). An Invisible Life? A Response to Mark Deuze's 'Media life'. *Media, Culture & Society, 34*(3), 359–364. https://doi.org/10.1177/0163443711434298

Kuhn, T. S. (1976). *Die Struktur wissenschaftlicher Revolutionen*. Suhrkamp.

Kuipers, G. (2006). *Good Humor, Bad Taste. A Sociology of the Joke*. de Gruyter.

Lapenta, F. (2011). Some Theoretical and Methodological Views on Photo-Elicitation. In E. Margolis & L. Pauwels (Hrsg.), *The Sage Handbook of Visual Research Methods* (S. 201–213). Sage.

Latour, B. (2007). *Eine neue Soziologie für eine neue Gesellschaft. Einführung in die Akteur-Netzwerk-Theorie*. Suhrkamp.

Latour, B. (2010). *Das Parlament der Dinge. Für eine politische Ökologie*. Suhrkamp.

Lave, J., & Wenger, E. (1991). *Situated Learning. Legitimate Peripheral Participation*. Cambridge University Press.

Law, J. (1993). *Organizing Modernity: Social Ordering and Social Theory*. Wiley-Blackwell.

Lawrence, T. B., Suddaby, R., & Leca, B. (2009). Introduction. Theorizing and Studying Institutional Work. In B. Leca, R. Suddaby, & T. B. Lawrence (Hrsg.), *Institutional Work: Actors and Agency in Institutional Studies of Organizations* (S. 1–28). Cambridge University Press.

Lengersdorf, D., & Wieser, M. (Hrsg.). (2014). *Schlüsselwerke der Science & Technology Studies*. VS Verlag für Sozialwissenschaften.

Leonardi, P. M., Nardi, B., & Kallinikos, J. (2012). Materiality, Sociomateriality, and Socio-Technical Systems: What Do These Terms Mean? How Are They Different? Do We Need Them? In P. M. Leonardi, B. A. Nardi, & J. Kallinikos (Hrsg.), *Materiality and Organizing: Social Interaction in a Technological World* (S. 25–48). Oxford University Press.

Lewis, S., & Westlund, O. (2015). Actors, Actants, Audiences, and Activities in Cross-Media News Work. *Digital Journalism, 3*(1), 19–37. https://doi.org/10.1080/21670811.2014.927986

Lievrouw, L., & Livingstone, S. (Hrsg.). (2006). *The Handbook of New Media: Updated Student Edition*. Sage.

Light, B., Burgess, J., & Duguay, S. (2018). The Walkthrough Method. An Approach to the Study of Apps. *New Media & Society, 20*(3), 881–900. https://doi.org/10.1177/1461444816675438

Livingstone, S. (2009). On the Mediation of Everything. ICA Presidential Address 2008. *Journal of Communication*, *59*(1), 1–18. https://doi.org/10.1111/j.1460-2466.2008.01401.x

Lomborg, S., & Kapsch, P. H. (2020). Decoding Algorithms. *Media, Culture & Society*, *42*(5), 745–761. https://doi.org/10.1177/0163443719855301

Lundby, K. (Hrsg.). (2014). *Mediatization of Communication*. de Gruyter.

Lünenborg, M., Raetzsch, C., Reißmann, W., & Siemon, M. (2020). Media Practice in performativen Öffentlichkeiten. Für eine praxistheoretische Positionierung der Journalismusforschung. In J. Schützeneder, K. Meier, & N. Springer (Hrsg.), *Neujustierung der Journalistik/Journalismusforschung in der digitalen Gesellschaft: Proceedings zur Jahrestagung der Fachgruppe Journalistik/Journalismusforschung der Deutschen Gesellschaft für Publizistik- und Kommunikationswissenschaft 2019* (S. 35–51). https://doi.org/10.21241/SSOAR.70817

Maletzke, G. (1963). *Psychologie der Massenkommunikation. Theorie und Systematik.* Verlag Hans Bredow-Institut.

Marcus, G. E. (1995). Ethnography in/of the World System. The Emergence of Multi-Sited Ethnography. *Annual Review of Anthropology*, *24*(1), 95–117. https://doi.org/10.1146/annurev.an.24.100195.000523

Marres, N. (2020). For a Situational Analytics. An Interpretative Methodology for the Study of Situations in Computational Settings. *Big Data & Society*, *7*(2). https://doi.org/10.1177/2053951720949571

Marres, N., & Stark, D. (2020). Put to the Test. For a New Sociology of Testing. *The British Journal of Sociology*, *71*(3), 423–443. https://doi.org/10.1111/1468-4446.12746

Mattoni, A. (2020). A Media-in-Practices Approach to Investigate the Nexus Between Digital Media and Activists' Daily Political Engagement. *International Journal of Communication*, *14*, 2828–2845. https://ijoc.org/index.php/ijoc/article/view/11216/3098

Mattoni, A., & Treré, E. (2014). Media Practices, Mediation Processes, and Mediatization in the Study of Social Movements. *Communication Theory*, *24*(3), 252–271. https://doi.org/10.1111/comt.12038

McPhee, R. D., & Zaug, P. (2006). Organizational Theory, Organizational Communication, Organizational Knowledge, and Problematic Integration. *Journal of Communication*, *51*(3), 574–591. https://doi.org/10.1111/j.1460-2466.2001.tb02897.x

McVeigh-Schultz, J., & Baym, N. K. (2015). Thinking of You. Vernacular Affordance in the Context of the Microsocial Relationship App, Couple. *Social Media + Society*, *1*(2), 2056305115604649. https://doi.org/10.1177/2056305115604649

Meehan, M. & Turner, F. (2021). *Seeing Silicon Valley: Life inside a Fraying America*. University of Chicago Press.

Meisner, C., Duffy, B. E., & Ziewitz, M. (2022). The Labor of Search Engine Evaluation: Making Algorithms More Human or Humans More Algorithmic? *New Media & Society,* *26*(2), 1018–1033. https://doi.org/10.1177/14614448211063860

Merten, K. (1999). *Einführung in die Kommunikationswissenschaft*. LIT.

Meyer, J. W., & Jepperson, R. L. (2000). The "Actors" of Modern Society: The Cultural Construction of Social Agency. *Sociological Theory, 18*(1), 100–120. https://doi.org/10.1111/0735-2751.00090

Meyer, J. W., & Rowan, B. (1977). Institutionalized Organizations: Formal Structure as Myth and Ceremony. *American Journal of Sociology, 83*(2), 340–363. https://www.jstor.org/stable/2778293

Møller Jørgensen, K. (2016). The Media Go-Along. Researching Mobilities with Media at Hand. *MedieKultur: Journal of Media and Communication Research, 32*(60), 32–49. https://doi.org/10.7146/mediekultur.v32i60.22429

Møller, K., & Robards, B. (2019). Walking Through, Going Along and Scrolling Back. Ephemeral Mobilities in Digital Ethnography. *Nordicom Review, 40*(1), 95–109. https://doi.org/10.2478/nor-2019-0016

Moores, S. (2012). *Media, Place and Mobility*. Palgrave Macmillan.

Morley, D. (1992). *Television, Audiences and Cultural Studies*. Routledge.

Morley, D. (2000). *Home Territories. Media, Mobility and Identity*. Routledge.

Morley, D. (2009). For a Materialist, Non-Media-centric Media Studies. *Television & New Media, 10*(1), 114–116. https://doi.org/10.1177/1527476408327173

Nagy, P., & Neff, G. (2015). Imagined Affordance. Reconstructing a Keyword for Communication Theory. *Social Media + Society, 1*(2). https://doi.org/10.1177/2056305115603385

Nassehi, A. (2019). *Muster. Theorie der digitalen Gesellschaft*. C.H. Beck.

Nicolini, D. (2009). Zooming In and Out. Studying Practices by Switching Theoretical Lenses and Trailing Connections. *Organization Studies, 30*(12), 1391–1418. https://doi.org/10.1177/0170840609349875

Nicolini, D. (2017). Practice Theory as a Package of Theory, Method and Vocabulary. Affordances and Limitations. In M. Jonas, B. Littig, & A. Wroblewski (Hrsg.), *Methodological Reflections on Practice Oriented Theories* (S. 19–34). Springer.

Niemand, S. (2020). *Alltagsumbrüche und Medienhandeln. Eine qualitative Panelstudie zum Wandel der Mediennutzung in Übergangsphasen*. VS Verlag für Sozialwissenschaften.

Oliver, C. (1992). The Antecedents of Deinstitutionalization. *Organization Studies, 13*(4), 563–588. https://doi.org/10.1177/017084069201300403

Orlikowski, W. J. (2000). Using Technology and Constituting Structures. A Practice Lens for Studying Technology in Organizations. *Organization Science, 11*(4), 404–428. https://doi.org/10.1287/orsc.11.4.404.14600

Ortner, S. B. (1984). Theory in Anthropology since the Sixties. *Comparative Studies in Society and History, 26*(1), 126–166.

Park, D. W. (2014). *Pierre Bourdieu. A Critical Introduction to Media and Communication Theory*. Peter Lang.

Passoth, J.-H., & Wieser, M. (2012). Medien als soziotechnische Arrangements. Zur Verbindung von Medien- und Technikforschung. In H. Greif & M. Werner (Hrsg.), *Vernetzung als soziales und technisches Paradigma* (S. 101–122). VS Verlag für Sozialwissenschaften.

Paus-Hasebrink, I., & Sinner, P. (2021). *15 Jahre Panelstudie zur (Medien-)Sozialisation*. Nomos.

Pentzold, C. (2015). Praxistheoretische Prinzipien, Traditionen und Perspektiven kulturalistischer Kommunikations- und Medienforschung. *Medien & Kommunikationswissenschaft*, *63*(2), 229–245.

Pentzold, C. (2016). *Zusammenarbeiten im Netz. Praktiken und Institutionen internetbasierter Kooperation*. Springer VS.

Pentzold, C. (2020). Jumping on the Practice Bandwagon. Perspectives for a Practice-Oriented Study of Communication and Media. *International Journal of Communication*, *14*, 2964–2984. https://ijoc.org/index.php/ijoc/article/view/11217

Pentzold, C., & Bischof, A. (2019). Making Affordances Real. Socio-Material Prefiguration, Performed Agency, and Coordinated Activities in Human–Robot Communication. *Social Media + Society*, *5*(3). https://doi.org/10.1177/2056305119865472

Pentzold, C., Mattoni, A., Burchell, K., & Driessens, O. (Hrsg.). (2020). Practicing Media – Mediating Practice. *Special Issue International Journal of Communication*, *14*, 2775–2984.

Pentzold, C., & Menke, M. (2020). Conceptualizing the Doings and Sayings of Media Practices. Expressive Performance, Communicative Understanding, and Epistemic Discourse. *International Journal of Communication*, *14*, 2789–2809. https://ijoc.org/index.php/ijoc/article/view/11210

Peters, J. D. (2015). *Marvelous Clouds. Toward a Philosophy of Elemental Media*. University of Chicago Press.

Pfetsch, B., Maier, D., Stoltenberg, D., Waldherr, A., Kligler-Vilenchik, N., & de Vries Kedem, M. (2021). Topographies of Local Public Spheres on Social Media: The Scope of Issues and Interactions. *International Journal of Communication*, *15*, 3645–3670. https://ijoc.org/index.php/ijoc/article/view/17253

Pickering, A. (1995). *The Mangle of Practice. Time, Agency, and Science*. University of Chicago Press.

Pinch, T. J. (2008). Technology and Institutions: Living in a Material World. *Theory and Society*, *37*(5), 461–483. https://doi.org/10.1007/s11186-008-9069-x

Pink, S., & Leder-Mackley, K. (2013). Saturated and Situated. Expanding the Meaning of Media in the Routines of Everyday Life. *Media, Culture & Society*, *35*(6), 677–691. https://doi.org/10.1177/0163443713491298

Plantin, J.-C., Lagoze, C., Edwards, P. N., & Sandvig, C. (2018). Infrastructure Studies Meet Platform Studies in the Age of Google and Facebook. *New Media & Society*, *20*(1), 293–310. https://doi.org/10.1177/1461444816661553

Postill, J. (2010). Introduction. In B. Bräuchler & J. Postill (Hrsg.), *Theorising Media and Practice* (S. 1–34). Berghahn Books.

Postill, J. (2017). Doing Remote Ethnography. Studying Culture from Afar. In L. Hjorth, H. Heather, G. Anne, & B. Genevieve (Hrsg.), *The Routledge Companion to Digital Ethnography* (S. 61–69). Routledge.

Postill, J. (2024). *The Anthropology of Digital Practices. Dispatches from the Online Cultural Wars*. Routledge.

Postill, J., & Pink, S. (2012). Social Media Ethnography. The Digital Researcher in a Messy Web. *Media International Australia*, *145*(1), 123–134. https://doi.org/10.1177/1329878X1214500114

Preda, A. (2009). *Framing Finance. The Boundaries of Markets and Modern Capitalism*. University of Chicago Press.

Pringle, T., Koch, G., & Stiegler, B. (2019). *Machine*. University of Minnesota Press.

Puppis, M. (2010). Media Governance: A New Concept for the Analysis of Media Policy and Regulation. *Communication Culture & Critique 3*(2), 134–149. https://doi.org/10.1111/j.1753-9137.2010.01063.x

Putnam, L. L., & Nicotera, A. M. (Hrsg.). (2009). *Building Theories of Organization: The Constitutive Role of Communication*. Routledge.

Quandt, T. (2005). *Journalisten im Netz. Eine Untersuchung journalistischen Handelns in Online-Redaktionen*. VS Verlag für Sozialwissenschaften.

Raabe, J. (2008). Kommunikation und soziale Praxis. In C. Winter, A. Hepp, & F. Krotz (Hrsg.), *Theorien der Kommunikations- und Medienwissenschaft* (S. 363–381). VS Verlag für Sozialwissenschaften.

Raabe, J. (2009). Kultur- und praxistheoretische Konzepte in der Kommunikationswissenschaft. In P. J. Schulz, U. Hartung, & S. Keller (Hrsg.), *Identität und Vielfalt in der Kommunikationswissenschaft* (S. 89–104). UVK.

Radway, J. A. (1991). *Reading the Romance. Women, Patriarchy, and Popular Literature* (Revised Edition). The University of North Carolina Press.

Raetzsch, C., & Lünenborg, M. (2020). Anchoring Practices for Public Connection. Media Practice and Its Challenges for Journalism Studies. *International Journal of Communication*, *14*, 2868–2886. https://ijoc.org/index.php/ijoc/article/view/11213

Rammert, W. (2007). *Technik—Handeln—Wissen. Zu einer pragmatistischen Technik- und Sozialtheorie*. VS Verlag für Sozialwissenschaften.

Rappert, B. (2003). Technologies, Texts and Possibilities. A Reply to Hutchby. *Sociology*, *37*(3), 565–580. https://doi.org/10.1177/00380385030373010

Reckwitz, A. (2000). *Die Transformation der Kulturtheorien. Zur Entwicklung eines Theorieprogramms*. Velbrück Wissenschaft.

Reckwitz, A. (2003). Grundelemente einer Theorie sozialer Praktiken. Eine sozialtheoretische Perspektive. *Zeitschrift für Soziologie*, *32*(4), 282–301. https://doi.org/10.1515/zfsoz-2003-0401

Reckwitz, A. (2006). *Das hybride Subjekt*. Velbrück Wissenschaft.

Reckwitz, A. (2008a). Der Ort des Materiellen in den Kulturtheorien. In A. Reckwitz (Hrsg.), *Unscharfe Grenzen: Perspektiven der Kultursoziologie* (S. 131–158). transcript.

Reckwitz, A. (2008b). *Subjekt*. transcript.

Reißmann, W. (2019a). Der „practice turn" und die qualitative Jugendmedienforschung der handlungsorientierten Medienpädagogik. *Diskurs Kindheits- und Jugendforschung / Discourse Journal of Childhood and Adolescence Research*, *14*(3), 271–292. https://doi.org/10.3224/diskurs.v14i3.03

Reißmann, W. (2019b). The Story is Everywhere. Dispersed Situations in a Literary Role Play Game. *Media in Action*, *2019*(1), 23–43. http://dx.doi.org/10.25819/ubsi/8320

Reißmann, W., & Bettinger, P. (2022). Digitale Souveränität und relationale Subjektivität. Neue Leitbilder für die Medienpädagogik? *merzWissenschaft*, *66*(6), 3–10.

Reißmann, W., Siemon, M., Lünenborg, M., & Raetzsch, C. (2022). Praxisprofile als mixed-methods Ansatz zur Analyse performativer Öffentlichkeiten. Vorschlag für eine relationale Journalismusforschung. *Studies in Communication Sciences, 22*(1). https://doi.org/10.24434/j.scoms.2022.01.3057

Renckstorf, K. (1989). Mediennutzung als soziales Handeln. In M. Kaase & W. Schulz (Hrsg.), *Massenkommunikation: Theorien, Methoden, Befunde* (S. 314–336). VS Verlag für Sozialwissenschaften.

Rentsch, T. (1985). *Wittgenstein und Heidegger – Existential- und Sprachanalysen zu den Grundlagen Philosophischer Anthropologie*. Klett-Cotta.

Reviglio, U., & Agosti, C. (2020). Thinking Outside the Black-Box. The Case for "Algorithmic Sovereignty" in Social Media. *Social Media + Society, 6*(2). https://doi.org/10.1177/2056305120915613

Robinson, S., & Anderson, C. W. (2020). Network Ethnography in Journalism Studies. A Mixed-Method Approach to Studying Media Ecologies. *Journalism Studies, 21*(7), 984–1001. https://doi.org/10.1080/1461670X.2020.1720519

Röhl, T. (2019). Making Failure Public. Communicating Breakdowns of Public Infrastructures. In M. Korn, W. Reißmann, T. Röhl, & D. Sittler (Hrsg.), *Infrastructuring Publics* (S. 207–224). Springer VS.

Rosengren, K., Wenner, L., & Palmgreen, P. (Hrsg.). (1985). *Media Gratifications Research*. Sage.

Röser, J. (Hrsg.). (2007). *MedienAlltag. Domestizierungsprozesse alter und neuer Medien*. VS Verlag für Sozialwissenschaften.

Röser, J., Müller, K. F., Niemand, S., Peil, C., & Roth, U. (2018). Medienethnografische Porträts als Auswertungsinstrument. Techniken der kontextsensiblen Rezeptionsanalyse. In A. M. Scheu (Hrsg.), *Auswertung qualitativer Daten* (S. 193–207). Springer VS.

Röttger, U. (2015). Strukturationstheoretischer Ansatz. In R. Fröhlich, P. Szyszka, & G. Bentele (Hrsg.), *Handbuch der Public Relations* (S. 229–242). Springer VS.

Rouse, J. (2007). Practice Theory. In P. Turner & M. Risjord (Hrsg.), *Philosophy of Anthropology and Sociology* (S. 639–681). North Holland.

Ruckenstein, M. (2023). *The Feel of Algorithms*. University of California Press.

Ruppert, E., Law, J., & Savage, M. (2013). Reassembling Social Science Methods. The Challenge of Digital Devices. *Theory, Culture & Society, 30*(4), 22–46. https://doi.org/10.1177/0263276413484941

Rutter, J., & Smith, G. W. H. (2005). Ethnographic Presence in a Nebulous Setting. In C. Hine (Hrsg.), *Virtual Methods. Issues in Social Research on the Internet* (S. 81–92). Berg.

Ryfe, D. M. (2018). A Practice Approach to the Study of News Production. *Journalism, 19*(2), 217–233. https://doi.org/10.1177/1464884917699854

Sadowski, J. & Bendor, R. (2019). Selling Smartness: Corporate Narratives and the Smart City as a Sociotechnical Imaginary, *Science, Technology, & Human Values, 44*(3), pp. 540–563. https://doi.org/10.1177/0162243918806061

Sandhu, S. (2015). Public Relations aus neo-institutionalistischer Perspektive. In R. Fröhlich, P. Szyszka, & G. Bentele (Hrsg.), *Handbuch der Public Relations* (S. 243–260). VS Verlag für Sozialwissenschaften.

Savage, M., & Burrows, R. (2007). The Coming Crisis of Empirical Sociology. *Sociology, 41*(5), 885–899. https://doi.org/10.1177/0038038507080443

Saxer, U. (1999). Der Forschungsgegenstand der Medienwissenschaft. In J. F. Leonhard, H. W. Ludwig, D. Schwarze, & E. Straßner (Hrsg.), *Medienwissenschaft. Ein Handbuch zur Entwicklung der Medien und Kommunikationsformen* (S. 1–14). de Gruyter.

Scannell, P. (1995). For a Phenomenology of Radio and Television. *Journal of Communication, 45*(3), 4–19. https://doi.org/10.1111/j.1460-2466.1995.tb00741.x

Schäfer, F., & Daniel, A. (2015). Zur Notwendigkeit einer praxissoziologischen Methodendiskussion. In F. Schäfer, A. Daniel, & F. Hillebrand (Hrsg.), *Methoden einer Soziologie der Praxis* (S. 37–56). transcript.

Schäfer, H. (2013). *Die Instabilität der Praxis. Reproduktion und Transformation des Sozialen in der Praxistheorie*. Velbrück.

Schäfer, H. (2016). Praxis als Wiederholung. Das Denken der Iterabilität und seine Konsequenzen für die Methodologie praxeologischer Forschung. In H. Schäfer (Hrsg.), *Praxistheorie. Ein soziologisches Forschungsprogramm* (S. 137–159). transcript.

Schäfer, H. (2021). Der Gebrauch des Digitalen. Zur praxeologischen Analyse digitaler Kultur. *Mittelweg 36, Zeitschrift des Hamburger Instituts für Sozialforschung, 30*(1), 3–14.

Schäfer, M. S., & Wessler, H. (2020). Öffentliche Kommunikation in Zeiten künstlicher Intelligenz. Warum und wie die Kommunikationswissenschaft Licht in die Black Box soziotechnischer Innovationen bringen sollte. *Publizistik, 65*(3), 307–331. https://doi.org/10.1007/s11616-020-00592-6

Schapals, A. K. (2022). *Peripheral Actors in Journalism. Deviating from the Norm?* Routledge.

Schatzki, T. R. (1996). *Social Practices. A Wittgensteinian Approach to Human Activity and the Social*. Cambridge University Press.

Schatzki, T. R. (2002). *The Site of the Social. A Philosophical Account of the Constitution of Social Life and Change*. The Pennsylvania State University Press.

Schatzki, T. R. (2005). The Sites of Organizations. *Organization Studies, 26*(3), 465–484. https://doi.org/10.1177/0170840605050876

Schatzki, T. R. (2016). Praxistheorie als flache Ontologie. In H. Schäfer (Hrsg.), *Praxistheorie. Ein soziologisches Forschungsprogramm* (S. 29–44). transcript.

Schatzki, T. R., Knorr-Cetina, K., & Savigny, E. von (Hrsg.). (2001). *The Practice Turn in Contemporary Theory*. Routledge.

Schimank, U. (2007). Elementare Mechanismen. In A. Benz, S. Lütz, U. Schimank, & G. Simonis (Hrsg.), *Handbuch Governance: Theoretische Grundlagen und empirische Anwendungsfelder* (S. 29–45). VS Verlag für Sozialwissenschaften.

Schmidt, K. (2015). „Practice Must Speak for Itself". Remarks on the Concept of Practice. *Navigationen – Zeitschrift für Medien- Und Kulturwissenschaften, 15*(1), 99–115. https://doi.org/10.25969/MEDIAREP/1456

Schmidt, R. (2012). *Soziologie der Praktiken. Konzeptionelle Studien und empirische Analysen*. Suhrkamp.

Schmidt, R., & Volbers, J. (2011). Öffentlichkeit als methodologisches Prinzip. Zur Tragweite einer praxistheoretischen Grundannahme. *Zeitschrift für Soziologie, 40*(1), 24–41. https://doi.org/10.1515/zfsoz-2011-0102

Schreiber, M. (2020). *Digitale Bildpraktiken. Handlungsdimensionen visueller vernetzter Kommunikation*. Springer VS.

Schoeneborn, D. (2013). Organisations- trifft Kommunikationsforschung: Der Beitrag der „Communication Constitutes Organization"-Perspektive (CCO). In A. Zerfaß, L. Rademacher, & S. Wehmeier (Hrsg.), *Organisationskommunikation und Public Relations* (S. 97–115). Springer VS.

Schorb, B. (2007). Medienaneignung und kontextuelles Verstehen. Welche Implikate ergeben sich aus dem Konstrukt der Medienaneignung für die Medienforschung? In W. Wirth, H.-J. Stiehler, & C. Wünsch (Hrsg.), *Dynamisch-transaktional denken. Theorie und Empirie der Kommunikationswissenschaft* (S. 252–261). Herbert von Halem.

Schulz, C. (2023). A New Algorithmic Imaginary. *Media, Culture & Society, 45*(3), 646–655. https://doi.org/10.1177/01634437221136014

Schulz-Schaeffer, I. (2010). Praxis, handlungstheoretisch betrachtet. *Zeitschrift für Soziologie, 39*(4), 319–336. https://doi.org/10.1515/zfsoz-2010-0404

Schüttpelz, E. (2015). Gebrochenes Vertrauen, provozierte Rechenschaft. Harold Garfinkels soziologische Kernfusion. In U. Bröckling (Hrsg.), *Das Andere der Ordnung: Theorien des Exzeptionellen* (S. 275–298). Velbrück Wissenschaft.

Schüttpelz, E. (2013). Elemente einer Akteur-Medien-Theorie. In E. Schüttpelz & T. Thielmann (Hrsg.), *Akteur-Medien-Theorie* (S. 9–67). transcript.

Scott, W. R. (2001). *Institutions and Organizations. Ideas, Interests, and Identities*. Sage.

Searle, J. R. (1997). *Die Konstruktion der gesellschaftlichen Wirklichkeit. Zur Ontologie sozialer Tatsachen*. Rowohlt.

Seaver, N. (2017). Algorithms as Culture. Some Tactics for the Ethnography of Algorithmic Systems. *Big Data & Society, 4*(2). https://doi.org/10.1177/2053951717738104

Shove, E., Pantzar, M., & Watson, M. (2012). *The Dynamics of Social Practice. Everyday Life and How it Changes*. Sage.

Siles, I. (2012). Web Technologies of the Self. The Arising of the "Blogger" Identity. *Journal of Computer-Mediated Communication, 17*(4), 408–421. https://doi.org/10.1111/j.1083-6101.2012.01581.x

Siles, I. (2023). *Living With Algorithms. Agency and User Culture in Costa Rica*. MIT Press.

Siles, I., & Boczkowski, P. (2012). At the Intersection of Content and Materiality. A Texto-Material Perspective on the Use of Media Technologies. *Communication Theory, 22*(3), 227–249. https://doi.org/10.1111/j.1468-2885.2012.01408.x

Silverstone, R. (1994). *Television and Everyday Life*. Routledge.
Star, S. L., & Griesemer, J. R. (1989). Institutional Ecology, 'Translations' and Boundary Objects: Amateurs and Professionals in Berkeley's Museum of Vertebrate Zoology 1907-39, *Social Studies of Science*, *19*(4), 387–420.
Star, S., & Ruhleder, K. (1996). Steps Toward an Ecology of Infrastructure. Design and Access for Large Information Spaces. *Information Systems Research*, *7*(1), 111–134. https://doi.org/10.1287/isre.7.1.111
Steets, S. (2019). Die Relationalität des Sozialen: Von ‚dicken' und ‚dünnen' Subjekten und der Soziologie als kopernikanischem Sonnensystem, *Zeitschrift für Qualitative Forschung*, *20*(1), 127–140. https://doi.org/10.3224/zqf.v20i1.10
Stephansen, H. C., & Treré, E. (Hrsg.). (2020). *Citizen Media and Practice. Currents, Connections, Challenges*. Routledge.
Suchman, L. A. (1987). *Plans and Situated Actions. The Problem of Human-Machine Communication*. Cambridge University Press.
Suchman, L. A. (2002). Practice-Based Design of Information Systems: Notes from the Hyperdeveloped World. *The Information Society*, *18*(2), 139–144. https://doi.org/10.1080/01972240290075066
Suchman, L., Trigg, R., & Blomberg, J. (2002). Working Artefacts: Ethnomethods of the Prototype. *The British Journal of Sociology*, *53*(2), 163–179. https://doi.org/10.1080/00071310220133287
Suchman, M. C. (1995). Managing Legitimacy. Strategic and Institutional Approaches. *The Academy of Management Review*, *20*(3), 571–610. https://doi.org/10.2307/258788
Swidler, A. (2001). What anchors cultural practices. In T. R. Schatzki, K. Knorr-Cetina, & E. von Savigny (Hrsg.), *The Practice Turn in Contemporary Theory* (S. 74–92). Routledge.
Swidler, A. (1986). Culture in Action. Symbols and Strategies. *American Sociological Review*, *51*(2), 273–286. https://doi.org/10.2307/2095521
Tarnoff, B., & Weigel, M. (Hrsg.) (2020). *Voices from the Valley. Tech Workers Talk About What They Do – And How They Do It*. Farrar, Straus & Giroux.
Taylor, S., Beechler, S., & Napier, N. (1996). Toward an Integrative Model of Strategic International Human Resource Management. *The Academy of Management Review*, *21*(4), 959–985. https://doi.org/10.2307/259160
Taylor, J. R., & Van Every, E. J. (2000). *The Emergent Organization. Communication as its Site and Surface*. Routledge.
Teichert, W. (1972). ‚Fernsehen' als soziales Handeln. Zur Situation der Rezipientenforschung. Ansätze und Kritik. *Rundfunk und Fernsehen*, *20*, 421–439.
Thomas, T., & Krotz, F. (2008). Medienkultur und Soziales Handeln. Begriffsarbeiten zur Theorieentwicklung. In T. Thomas (Hrsg.), *Medienkultur und soziales Handeln* (S. 17–42). VS Verlag für Sozialwissenschaften.

Treem, J. W., & Leonardi, P. M. (2013). Social Media Use in Organizations. Exploring the Affordances of Visibility, Editability, Persistence, and Association. *Annals of the International Communication Association, 36*(1), 143–189. https://doi.org/10.1080/23808985.2013.11679130

Tuchman, G. (1978). *Making News. A Study in the Construction of Reality.* Free Press.

van Dijck, J. (2013). *The Culture of Connectivity. A Critical History of Social Media.* Oxford University Press.

van Dijck, J., Poell, T., & de Waal, M. (2018). *The Platform Society.* Oxford University Press.

Vicari, J. (2016). Beobachtung in der Kommunikationswissenschaft. In S. Averbeck-Lietz & M. Meyen (Hrsg.), *Handbuch nicht standardisierte Methoden in der Kommunikationswissenschaft* (S. 289–301). Springer VS.

Wajcman, J., & Jones, P. K. (2012). Border communication: media sociology and STS, *Media, Culture & Society, 34*(6), 673 –690. https://doi.org/10.1177/0163443712449496

Wang, D., & Guo, S. Z. (2023). *Aggregation and the New News order: A Practice Theory Approach.* Digital Journalism. Online first. https://doi.org/10.1080/21670811.2023.2273529

Webster, J. G. (2011). The Duality of Media. A Structurational Theory of Public Attention. *Communication Theory, 21*(1), 43–66. https://doi.org/10.1111/j.1468-2885.2010.01375.x

Weber, H. (2008). *Das Versprechen mobiler Freiheit: Zur Kultur- und Technikgeschichte von Kofferradio, Walkman und Handy.* transcript.

Weder, F. (2008). Produktion und Reproduktion von Öffentlichkeit. Über die Möglichkeiten, die Strukturationstheorie von Anthony Giddens für die Kommunikationswissenschaft nutzbar zu machen. In C. Winter, A. Hepp, & F. Krotz (Hrsg.), *Theorien der Kommunikations- und Medienwissenschaft: Grundlegende Diskussionen, Forschungsfelder und Theorieentwicklungen* (S. 345–361). VS Verlag für Sozialwissenschaften.

Weick, K. E. (1985). *Der Prozeß des Organisierens.* Suhrkamp.

Weiß, R. (2009). Pierre Bourdieu. Habitus und Alltagshandeln. In A. Hepp, F. Krotz, & T. Thomas (Hrsg.), *Schlüsselwerke der Cultural Studies* (S. 31–46). VS Verlag für Sozialwissenschaften.

Wessler, H. (2018). *Habermas and the Media.* Polity.

Wiedemann, T. (2014). Pierre Bourdieu. Ein internationaler Klassiker der Sozialwissenschaft mit Nutzen für die Kommunikationswissenschaft. *Medien & Kommunikationswissenschaft, 62*(1), 83–101. https://doi.org/10.5771/1615-634x-2014-1-83

Wiedemann, T., & Meyen, M. (2013). *Pierre Bourdieu und die Kommunikationswissenschaft. Internationale Perspektiven.* Herbert von Halem.

Wiedmann, A., Wagenknecht, K., Goll, P., & Wagenknecht, A. (Hrsg.). (2020). *Wie forschen mit den »Science and Technology Studies«? Interdisziplinäre Perspektiven.* transcript.

Willems, H. (2000). Medienproduktion, Medienprodukt und Medienrezeption. Überlegungen zu den medienanalytischen Möglichkeiten der „Rahmen-

theorie" und komplementärer Ansätze. *Medien & Kommunikationswissenschaft, 48*(2), 212–225. https://doi.org/10.5771/1615-634x-2000-2-212
Williams, R. (1974). Communications As Cultural Science. *Journal of Communication, 24*(3), 17–25. https://doi.org/10.1111/j.1460-2466.1974.tb00385.x
Williams, R. (1990). *Technology and Cultural Form*. Routledge.
Willig, I. (2013). Newsroom Ethnography in a Field Perspective. *Journalism, 14*(3), 372–387. https://doi.org/10.1177/1464884912442638
Winkler, H. (2014, Oktober 14). *Black Box und Black Boxing – Zur Einführung* [Unveröffentlichtes Manuskript des Vortrags im Graduiertenkolleg „Automatismen"]. Universität Paderborn.
Winston, B. (1998). *Media Technology and Society. A History*. Routledge.
Winter, R. (1995). *Der produktive Zuschauer. Medienaneignung als kultureller und ästhetischer Prozess*. Herbert von Halem.
Winter, R. (2001). *Die Kunst des Eigensinns. Cultural Studies als Kritik der Macht*. Velbrück Wissenschaft.
Winter, R. (2019). Von der sozialen Interaktion zur digitalen Vernetzung. Prozesse der Mediatisierung und die Transformationen des Selbst. In P. Gentzel, F. Krotz, J. Wimmer, & R. Winter (Hrsg.), *Das vergessene Subjekt* (S. 59–85). Springer VS.
Wittgenstein, L. (1953/2009). *Philosophical Investigations* (G. E. M. Anscombe, P. M. S. Hacker, & J. Schulte, Übers.; 4. Aufl.). Wiley-Blackwell.
Woodstock, L. (2014). Media Resistance. Opportunities for Practice Theory and New Media Research. *International Journal of Communication, 8*(19), 1983–2001.
Yeung, K. (2017). 'Hypernudge'. Big Data as a Mode of Regulation by Design. *Information, Communication & Society, 20*(1), 118–136. https://doi.org/10.1080/1369118X.2016.1186713
Ytre-Arne, B., & Moe, H. (2021). Folk Theories of Algorithms. Understanding Digital Irritation. *Media, Culture & Society, 43*(5), 807–824. https://doi.org/10.1177/0163443720972314
Zappavigna, M. (2011). Ambient Affiliation. A Linguistic Perspective on Twitter. *New Media & Society, 13*(5), 788–806. https://doi.org/10.1177/1461444810385097
Ziemann, A. (2020). Zur Infrastruktur der Bildtelefonie und ihrem Scheitern. Mediensoziologische Beobachtungen mit Susan Leigh Star. *MedienJournal, 44*(4), 7–18. https://doi.org/10.24989/medienjournal.v44i4.1872
Ziewitz, M. (2019). Rethinking Gaming: The Ethical Work of Optimization in Web Search Engines. *Social Studies of Science, 49*(5), 707–731. https://doi.org/10.1177/0306312719865607
Zillien, N. (2008). Die (Wieder-)Entdeckung der Medien. Das Affordanzkonzept in der Mediensoziologie. *Sociologia Internationalis, 46*(2), 161–181. https://doi.org/10.3790/sint.46.2.161
Zucker, L. G. (1977). The Role of Institutionalization in Cultural Persistence. *American Sociological Review, 42*(5), 726–743. https://doi.org/10.2307/2094862

Stichwortverzeichnis

A
Accountability 56
Agency/-ies 24, 27, 29, 31, 46, 65, 76, 78, 86, 87, 88, 90, 91
   Gestaltungsmacht 29, 30
   Handlungsmacht 29, 88
Affordanz/-en; Affordances 42, 43, 44, 77
Algorithmus/-en; algorithmisch 6, 13, 14, 26, 73, 76, 89
Algorithmische Souveränität. *Siehe* Souveränität
Akteur/-e 14, 19, 21, 22, 23, 28, 29, 32, 33, 38, 39, 40, 44, 45, 46, 51, 53, 54, 61, 62, 66, 67, 71, 80, 83, 84, 88, 90
Alltag 4, 5, 11, 12, 13, 25, 33, 36, 44, 71, 81, 87, 89, 91
   Alltagspraxis 13, 54, 85
   Alltagsroutine/-n. *Siehe* Routine
Arrangement 27, 32, 40, 42, 44, 48, 65, 80
Artefakt/-e 22, 25, 26, 27, 32, 33, 36, 37, 42, 85
Artikulation/-en 5, 47
Autoethnografie. *Siehe* Ethnografie
Automatisierung; automatisiert 2, 6, 86, 88, 89

B
Bedeutung/-en 1, 5, 9, 23, 26, 29, 30, 44, 45, 47, 53, 55, 57, 64, 66, 71, 77, 82, 87, 88
Bedürfnis/-se 4, 42
Beobachtung/-en; beobachten 54, 58, 59, 60, 62, 75, 77, 78, 79, 80, 81, 82, 85, 90
Beobachtbarkeit 52, 56
Bild/-er; Bildlichkeit; bildlich; visuell; Visualität 15, 30, 45, 61, 76, 83, 84
Black box 73, 75
Boundary object/-s 22, 65

C
Computational Ethnography. *Siehe* Ethnografie
Computational Methods 83, 84, 85, 60, 90
Cultural Studies 5, 12, 18, 30, 32, 41, 53, 62, 63, 87

D
Datafizierung; datafiziert 2, 6, 88, 89
Daten; data 58, 61, 74, 76, 77, 82, 83, 85, 89, 90, 91

Datenkompetenz/-en; data
  literacy. *Siehe* Kompetenz
Design 26, 29, 75
Digitale Ethnografie. *Siehe*
  Ethnografie
Digitale Infrastruktur/-en. *Siehe*
  Infrastruktur
Digitalmedien 13, 83
Diskurs/-e 19, 28, 31, 32, 35, 37,
  38, 47, 48, 48
Disposition/-en 28, 32, 58 59
Dualität; Dualismus; anti-/dualistisch
  17, 19–23, 86

E

Eigensinn 5, 14
Einstellung/-en 3, 13, 35, 44
Empowerment 90, 91
Ethnografie/ethnografisch 11, 59,
  60, 61, 62, 75, 78, 79, 81,
  83, 84
  digitale; computational; network
  61, 78, 79, 84
Ethnologie/ethnologisch 59, 72, 74
Ethnomethodologie/
  ethnomethodologisch 11,
  55, 56

F

Facebook. *Siehe* Meta
Feld 10, 12, 18, 19, 22, 56, 64, 89
Figuration/-en 18, 30, 43

G

Gestaltungsmacht. *Siehe* Agency
Gewohnheit/-en 6, 7, 13, 14, 26, 36, 71

H

Habitus; habituell 19, 28, 58, 65
Handeln; Handlung/-en 8, 9, 10, 14,
  17, 18, 20, 22, 23, 24, 25,
  26, 27, 28, 29, 30, 31, 36,
  37, 38, 39, 40, 41, 71, 74,
  75, 76, 83, 84, 88
Handlungsmacht. *Siehe*
  Agency
Handlungsmuster 6, 24, 35
Handlungsroutine/-n. *Siehe*
  Routine
Handlungstheorie/-n 20, 27, 30
Handy/-s. *Siehe* Mobiltelefon
Hashtag/-s 61, 83, 84

I

Identität; Identitätsarbeit 7, 29, 67
Imaginary/-ies 48, 68, 76
Infrastruktur/-en 6, 22, 26, 41, 43,
  44, 45, 55, 66, 72, 73, 77,
  83, 91
  digitale 41, 73, 77, 87
Inhalt/-e 4, 5, 13, 35, 38, 41, 45, 64,
  68, 80, 89, 90
Inkorporation; inkorporieren 26, 27,
  32, 65
Innovation; innovativ 20, 25, 44, 89
Instagram. *Siehe* Meta
Institution/-en 14, 37, 38, 39, 40,
  42, 45, 46, 47, 48
Intelligibilität; intelligibel 24, 26,
  48, 57, 58, 65
Interaktion 18, 27, 37, 46, 61, 66,
  68, 72, 76, 78, 79, 80, 83,
  86
Interview/-s 61, 62, 63, 75

J

Journalismus; journalistisch 14, 36,
  62, 73

K

Kapital; Kapitalsorten 27, 32, 65, 91
Kommunikationsinfrastruktur/-en.
  Siehe Infrastruktur

Stichwortverzeichnis

K.I.; KI; Künstliche Intelligenz 87, 88, 89, 90, 91, 92
knowing how. *Siehe* Wissen
Ko-Präsenz; ko-präsent 59, 79
Kollektivität; kollektiv 4, 9, 23, 24, 27, 30, 45, 47, 48, 57, 58
Kommunikation; kommunikativ 1, 2, 3, 5, 6, 7, 11, 12, 18, 19, 23, 26, 29, 30, 31, 32, 35, 36, 37, 38, 40, 41, 46, 51, 52, 53, 58, 60, 61m 62, 63, 64, 65, 67, 68, 69, 70, 72, 74, 75, 77, 78, 79, 80, 81, 82, 84, 86, 87, 88, 89, 90, 91
Kompetenz/-en 26, 27, 29, 36, 58, 66, 87, 94
Kreativität; kreativ 5, 7, 26, 28, 31, 36, 52
Kritik, kritisch 4, 6, 13, 18, 26, 29, 31, 32, 41, 91
Körper; körperlich 13, 25, 26, 27, 28, 31, 32, 55, 57, 59, 60, 64, 66, 73, 74
Kultur/-en 1, 3, 4, 5, 9, 10, 11, 17, 18, 19, 20, 21, 23, 27, 30, 31, 32, 33, 37, 41, 54, 59, 65, 71, 73, 74, 79, 91
Künstliche Intelligenz. *Siehe* KI

L
Lebensführung 12, 36, 37, 57
Lebenswelt/-en 1, 5, 37, 64, 87
mediatisierte 71, 72

M
Macht 3, 5, 6, 25, 29, 38, 46, 49, 86
Makro 13, 24, 25, 78, 83, 86
Makrostruktur/-en 82, 87
Mapping 82, 83, 85
Massenmedien; massenmedial 3, 7, 15, 40, 41, 64, 70

Materialität/-en; materiell 17, 26, 28, 29, 32, 41, 66, 80, 87
Mediatisierung, Mediatisierungsprozess/-e 8, 36, 83, 88
Mediatisierte Lebenswelten. *Siehe* Lebenswelt
Medienalltag 12, 63
Medienaneignung 29, 32, 64
Medienaktivismus; medienaktivistisch. *Siehe* Aktivismus
Medienethnografie. *Siehe* Ethnografie
Medienhandeln; Medienhandlung/-en 37, 38, 39, 40, 42, 47, 63, 64, 71
Medieninhalt/-e 5, 68
Medienkompetenz/-en. *Siehe* Kompetenz
Medienkritik; medienkritisch. *Siehe* Kritik
Medienkultur/-en; medienkulturell. *Siehe* Kultur
Mediennutzung 4, 26, 55, 80
Medienpraktik/-en; Media-related practice/-s 2, 7, 8, 9, 11, 12, 13, 42, 44, 52, 53, 54, 68, 69, 70, 71
Medienrepertoire/-s 42, 71, 89
Mediensozialisation 62, 63
Medienstruktur/-en 7, 14
Medientechnologie/-n; medientechnologisch 5, 7, 9, 22, 23, 41, 42, 73, 76
Medienwirkung/-en 3, 6
Mediumstheorie/-n 28, 41
Meta
  Facebook 12, 44, 45
  Instagram 14, 81
Methoden; methodisch 4, 7, 18, 52, 54, 56, 59, 60, 61, 63, 72, 76, 79, 83, 84, 85, 86, 88, 89, 90

Methodologie, methodologisch 18, 54, 55, 56, 85
Mikro 24, 25, 27, 82, 83, 86
Mikroaktivität/-en 83, 87
Mikrosoziologie; mikrosoziologisch 27, 56, 83
Mobiltelefon; Handy 26, 80, 89
Multi-sited Ethnography. *Siehe* Ethnografie

N
Nachricht/-en 8, 15, 44
Natürliche Daten. *Siehe* Daten
Network/-ed ethnography. *Siehe* Ethnografie
Newsroom/-s. *Siehe* Redaktion
Norm/-en 19, 22, 23, 24, 25, 29, 39, 40, 41, 45, 48, 54, 55, 77, 90, 91

O
Objekt/e 2, 4, 5, 32, 33, 38, 46, 48, 58, 66, 68, 80, 81, 82
Öffentlichkeit/-en 41, 74, 83, 91
Ontologie/-n; ontologisch 20, 24
Opazität; opak 72, 73, 74
Organisation/-en 8, 13, 14, 20, 27, 30, 35, 37, 38, 40, 45, 46, 47, 69, 71, 84

P
Plattform/-en 6, 12, 13, 14, 26, 41, 43, 61, 73, 74, 75, 76, 83, 85, 89, 91
Populärkultur/-en; populärkulturell 3, 5, 32
Practice turn 18, 62
Pragmatismus; pragmatistisch 19, 56
Praktisches Wissen. *Siehe* Wissen
Praktik
  digitale 72, 73, 75, 77
  diskursive 72, 73, 75, 77
  disperse 65, 6
  integrative 65, 67, 87
Prägekraft/-kräfte 20, 42, 75, 88
Publikum/-ka 3, 4, 68

R
Rationalität 6, 24, 25, 47
Raum/Räume, räumlich 11, 18, 21, 24, 25, 27, 31, 37, 40, 46, 57, 62, 63, 66, 70, 78, 79, 80, 81, 82, 83
Redaktion/-en; Newsroom/-s 5, 14, 62, 63
Reflexivität; reflexiv 13, 42, 48, 52, 54, 56, 61, 65, 67
Regel/-n 8, 11, 24, 33, 37, 39, 45, 59, 65, 66, 91
Rekursivität; rekursiv 10, 17, 23, 25, 27, 36, 37, 46, 51, 80
Relationalität; relational 23, 25, 26, 27, 30, 37, 44, 51, 88
Reproduktion; Reproduzierbarkeit 17, 24, 30, 32, 33, 36, 71
Rezeption; rezeptiv 37, 64, 68, 70
Routine/-n; Routinisierung; routinisiert 6, 7, 10, 13, 14, 26, 33, 40, 44, 55, 56, 59, 69, 70, 77, 87, 91

S
Schema/-ta 9, 30, 52, 60, 73
Schrift; schriftlich 3, 57, 66, 80
Science and Technology Studies (STS); Wissenschafts- und Technikforschung 22, 29, 32, 65
Selbsttracking; Self tracking. *Siehe* Tracking
Sinn 18, 19, 23, 24, 25, 26, 29, 30, 39, 40, 47, 52, 53, 56, 57, 58, 61, 66, 77
Sinnstruktur/-en 30, 52
Sinnverstehen 19, 57

sozialer 29, 61
Situiert 52, 54, 56, 70, 74, 82, 83
situierte Praxis 55, 59, 60, 84
Social Media, soziale Medien 13, 61, 75
Souveränität 30, 91
Soziale Interaktion. *Siehe* Interaktion
Soziale Ordnung 24, 35
Sozialität 18, 22, 23, 24, 30, 33, 53
Sozialphänomenologie; sozialphänomenologisch 18, 21, 44
Sozialphilosophie; sozialphilosophisch 9, 20, 52, 66
Soziologie 9, 18, 20, 52, 61, 62, 63, 72, 78, 87
Spontaneität; spontan 9, 26
Sprache 21, 30, 59, 61, 65, 69, 70, 75
Strukturierung 24, 72
STS. *Siehe* Science and Technology Studies
Subjekt/-e 1, 2, 4, 20, 21, 23, 24, 25, 29, 30, 31, 32, 33, 51, 52, 68, 88
  Subjektformen 31, 32
Subjektivierung/-en 29, 31, 32
Symbole; symbolisch 11, 18, 27, 30, 31, 32, 39, 40, 54, 65, 67, 86

T

Technik; technisch 28, 33, 41, 42, 65, 66, 68, 76, 84
Technologie/-n; technologisch 35, 38, 41, 42, 44, 48, 49, 72, 75, 87, 88, 89, 90
  Medientechnologie/-n; medientechnologisch 5, 7, 9, 22, 23, 41, 42
Text/-e 6, 28, 30, 48, 61, 74
TikTok 14, 72, 85

Tracking 13, 68, 76
Twitter. *Siehe* X

V

Verstehen 4, 6, 9, 11, 23, 24, 28, 36
Verständigung 24, 36
Visualität; visuell. *Siehe* Bild
Vollzugswirklichkeit 7, 30, 36, 43, 51, 53, 85, 86, 88, 90

W

Wahrnehmung 28, 31, 33, 36, 41, 42
Wandel 1, 44, 51, 67, 72, 78, 79, 81, 87
Wirklichkeit 1, 6, 7, 22, 24, 30, 33, 43, 47, 51, 53, 55, 74, 85, 86, 88, 90
Wissen 23, 26, 27, 28, 29, 30, 35, 37, 38, 45, 47, 48, 51, 53, 54, 57
  implizites 26, 57
  knowing how 26, 27, 66, 69
  praktisches 26, 31
Wissenschafts- und Technikforschung. *Siehe* Science and Technology Studies
Wissensordnung/-en; -struktur/en; -system/e 9, 11, 24, 27, 30, 45, 47, 57, 58
Wort 6, 33, 41, 59, 72

X

X 14, 44, 70, 72

Z

Zeichen 30, 37, 41, 47, 57, 69, 70
Zeit 46, 57, 63, 64, 70, 78, 80, 83

SPRINGER NATURE

GPSR Compliance

The European Union's (EU) General Product Safety Regulation (GPSR) is a set of rules that requires consumer products to be safe and our obligations to ensure this.

If you have any concerns about our products, you can contact us on ProductSafety@springernature.com

In case Publisher is established outside the EU, the EU authorized representative is:

Springer Nature Customer Service Center GmbH
Europaplatz 3
69115 Heidelberg, Germany

The manufacturer's authorised representative in the EU is Springer Nature Customer Service Centre GmbH, Europaplatz 3, 69115 Heidelberg, Germany. If you have any concerns regarding our products, please contact ProductSafety@springernature.com

Printed and bound by CPI Group (UK) Ltd, Croydon, CR0 4YY

25/03/2026

02078187-0001